Dale Carnegie
& Associates, Inc.

[美] 戴尔·卡耐基培训机构 著

史潘荣 谢俊平 译

共鸣力

卡耐基
深度沟通的艺术

CONNECT!
*How to Build Trust-Based
Relationships*

中国原子能出版社 中国科学技术出版社

·北 京·

北京市版权局著作权合同登记　图字：01-2022-5353

图书在版编目（CIP）数据

共鸣力：卡耐基深度沟通的艺术 / 美国戴尔·卡耐基培训机构著；史潘荣，谢俊平译 . — 北京：中国原子能出版社：中国科学技术出版社，2023.10

书名原文：Connect：How to Build Trust-based Relationships

ISBN 978-7-5221-2914-3

Ⅰ . ①共… Ⅱ . ①美… ②史… ③谢… Ⅲ . ①心理交往－通俗读物 Ⅳ . ① C912.11-49

中国国家版本馆 CIP 数据核字（2023）第 163992 号

策划编辑	陈　思	责任编辑	付　凯
封面设计	马筱琨	版式设计	蚂蚁设计
责任校对	冯莲凤　焦　宁	责任印制	赵　明　李晓霖

出　　版	中国原子能出版社　中国科学技术出版社	
发　　行	中国原子能出版社　中国科学技术出版社有限公司发行部	
地　　址	北京市海淀区中关村南大街 16 号	
邮　　编	100081	
发行电话	010-62173865	
传　　真	010-62173081	
网　　址	http://www.cspbooks.com.cn	

开　　本	880mm×1230mm　1/32	
字　　数	127 千字	
印　　张	7	
版　　次	2023 年 10 月第 1 版	
印　　次	2023 年 10 月第 1 次印刷	
印　　刷	北京华联印刷有限公司	
书　　号	ISBN 978-7-5221-2914-3	
定　　价	69.00 元	

如果想让他人对你感兴趣，那么你可能用两年才能交到一些朋友；但如果你变得对他人感兴趣，那么你可以用两个月就交到更多的朋友。

——戴尔·卡耐基

感谢以下为本书做出贡献的戴尔·卡耐基联合公司的成员：

- 乔·哈特（Joe Hart），总裁兼首席执行官

- 克里斯汀·巴斯卡里诺（Christine Buscarino），首席运营官兼首席营销官

- 埃尔塞尔·查尔斯（Ercell Charles），客户转型副总裁兼卡耐基资深导师

- 西尔维娅·卡瓦略（Silvia Carvalho），卡耐基资深导师，拉美培训质量高级总监

- 南·德雷克（Nan Drake），卡耐基资深导师，在线培训和北美培训质量总监

- 奈杰尔·阿尔斯顿（Nigel Alston），北卡罗来纳州东部及中部培训师

- 乔治·坎塔菲奥（George Cantafio），佛罗里达州迈阿密劳德代尔堡培训师

- 丽贝卡·科利尔（Rebecca Collier），全球卡耐基资深导师

- 格蕾丝·达格雷斯（Grace Dagres），加拿大安大略省高级培训师

- 安德烈亚斯·伊夫兰（Andreas Iffland），德国卡耐基资深导师

- 罗伯特·约翰斯顿（Robert Johnston），特拉华州资深培训师

- 大卫·卡巴科夫（David Kabakoff），田纳西州孟菲斯培训师

- 杰恩·利德姆（Jayne Leedham），英国卡耐基资深导师

- 汤姆·曼根（Tom Mangan），宾夕法尼亚州匹兹堡资深培训师

- 劳拉·诺兹（Laura Nortz），俄亥俄州克利夫兰资深培训师

- 雷娜·帕伦特（Rena Parent），佛罗里达州彭萨科拉资深培训师

- 安托瓦内特·罗宾逊（Antoinette Robinson），佐治亚州亚特兰大培训师

- 杰夫·希默（Jeff Shimer），佛罗里达州坦帕湾资深培训师

- 弗兰克·斯塔基（Frank Starkey），得克萨斯州达拉斯资深培训师

- 乔纳森·维哈尔（Jonathan Vehar），前产品副总裁

前　言

在我的职业生涯早期，我就读过《人性的弱点》，此书对我有着深远的影响。最重要的是，它使我意识到，如果运用戴尔·卡耐基经典著作中所提出的那些永不过时且恒有分量的原则，那么我便可以在与他人的互动中取得更佳的效果。

在过去 25 年的时间里，我培养了这些技能，也看到自己无论是在个人关系还是职业关系方面，都有了长足的发展。我变得善于倾听，敢于直视他人的眼睛，富于同理心，并勇于向他人送去友好的微笑。然后，到了 2020 年，新冠疫情暴发。一夜之间，对于我自己和我们所有人而言，一切都改变了。

我们一旦不能走出家门，不能去上班的地方，看不到朋友们、同事们被防疫口罩遮住的微笑，我们与他人的联系就会遭受阻断。再加上政治气候、防疫政策以及其他热点问题所引发的社会形势的变化，疫情时期的人们比以往任何时候都更难以知道，应该对初次见面的人说些什么，是否应该和他们握手。

虽然人际关系看似不同于以往，比如人们需要多涂些消毒洗手液，但是我们该如何建立和培养人际关系的基本原则并未改变。我们依然需要专注于建立联系，与他人合作，并和谐共处。简言之，我们需要努力克服这个世界带给我们的剧变与曲折。

人类具有与生俱来的合作精神。在周围没有他人的情况下，在一个自耕自给的农场过一种隐士生活，可能不是我们绝大多数人愿意选择的。我们是社会性的人，我们创造互惠关系是为了生存、发展和享受人生。

想想与你最亲近的一个人。这个人也许是你的伴侣、亲属、挚友或老师。想象一下，如果他们从来没有在你的生活中出现过，那么又会怎样。对于我们大多数人来说，这不是一个令人愉快的想法。可喜的是，你在为他们着想，他们也在为你着想。也正因为如此，你的生活才更丰富、更充实，他们的生活也一样因此更丰富、更充实。

本书的宗旨在于帮助你营造和建立与他人之间更稳固的关系，从而使你的生活质量得到提升。这样的关系存在于家庭环境、工作场所、亲身经历之中，也存在于虚拟互动之中。本书提出的一些见解，使你能够在得到他人支持与友谊的情况下充分发挥自身的潜力。

戴尔·卡耐基认识到，每个人都有与生俱来的伟大之处。我们在戴尔·卡耐基培训机构的工作，就是把这种伟大发挥出来，让每个人都能亲眼看到。我们继续做着卡耐基先生做过的工作，改变着人们看待自己的方式，这样一来，他们就可以改变这个世界看待他们的方式，而这又可以改变他们对世界的影响。这是我们热衷的工作，而这项工作没有谁能够独立开展。因此，我们需要不断建立和发展与他人的联系。

本书读者若能根据书中学到的东西建立新的联系，并以此为这个世界带来什么贡献，这将是我们所乐见的。

——乔·哈特

（戴尔·卡耐基联合公司总裁兼首席执行官）

如何使用本书

每天清晨，在地球上几乎每个国家，戴尔·卡耐基培训师们都在准备着分享创始人戴尔·卡耐基先生创造的那些永不过时的主旨。无论我们联系的是普通民众、全球500强企业的员工，还是介于两者之间的任何人，过去85年来，我们所教授的课程和技能始终都在改善人们的行为方式并为其赋能。

谈到自1937年《如何赢得朋友及影响他人》一书出版以来全球范围内发生的社会变化，我们很容易发现该书中的主旨（以及书中所讲的训练方法）从未过时。书中的内容的确从未过时。

人际关系是我们工作的基础，它可以应用于各种场合，包括家庭、教堂、教室和会议室。学会如何真正地相互联系，我们就能实现既定的目标。

当你阅读本书的时候，你会想方设法去运用之前也许从未考虑过的东西。我们往往会发现自己在最意想不到的地方建立了有趣的联系！当我们专注于建立真正的联系时，我们生活的整体基调就变得更快乐，也更有成就感。短暂的邂逅留给我们的是一丝微笑，之后我们会发现，自己在一个原以为与世隔绝的世界里竟然感觉不那么孤独。

为了提升你与他人沟通的能力，我们提供了一些与本书互动的小贴士。

（1）经过反复验证的戴尔·卡耐基绩效变革路径提供了一些见解，以便帮助我们取得成功。

● 明确自己的目标：这本书就在你手中，我们知道你想要有所改变。对一些利害攸关的事情（例如成功、幸福、朋友、效率等）做出情感上的承诺，将会确保你采取行动。当你读这本书时，将你正在读的东西与你对自己的看法和你要实现的目标联系起来。

● 致力于体验学习：没有人能一下子知道所有的答案。因此，如果我们阅读本书只是为了确认自己已经知道的东西，那么我们不妨去做点儿其他事情。戴尔·卡耐基的培训项目强度很大，可以把我们带出舒适区。与此类似，本书会提出一些建议，或者会在一些让我们感到不舒服的内容上做一些尝试。这些都是我们应该注意到的事情！如果我们觉得"我认为我做不到"或者"我认为我不想这样做"，那么我们就真的需要改变。让我们行动起来，确保在那些使我们眼前一亮、与我们自身密切相关的有用信息上做好笔记。

● 坚持学习：当我们读完这本书时，我们不要只是把它放回书架上，然后回到从前，依然故我。不能这样！让我们创造一种方法，使我们的学习精神永葆活力！让我们努力在我们的日程安排上挤出时间，与他人建立联系，找到一个能让我们对自己的目标负责的合作伙伴（例如朋友、老师、经理、伴侣、亲属），并定期与他们联系，看看我们的进展如何。当我们寻求帮助并表明我们愿意努力改进时，我们会惊讶地发现周围的人都非常乐意支持和帮助我们。

（2）做好笔记。无论我们使用的是电子阅读器还是纸质书，我们都可以随意在书中那些有趣、有料、有用的部分标记。把书中相关的部分做好标签，以便我们可以快速查阅。我们不应该认为书面必须保持干净，不能做任何标记。让我们把它当作练习册一样，真正为我们所用。

（3）读到每一章末尾，我们应该问问自己，是准备好继续阅读，还是需要回顾一下刚刚读过的内容。读书不是一场比赛，我们应该对书中内容进行理解和整合，以便尝试着提升我们的行为和表现。

（4）教会他人！学习新知识的一个很好的办法就是把它教给他人。当我们找到能引起我们共鸣的东西时，让我们多花点儿时间与他人分享。不一定非要在正式的教室里，我们可以在用餐时、喝咖啡时，或在散步时与他人分享。当我们听到自己的分享时，我们会建立新的联系。

（5）将本书回顾一遍。随着书中部分原则成为日常生活习惯，我们应该回顾整本书的内容，或者至少回顾一下我们做标记的地方，看看还可以将哪些部分融入我们的实践当中。

（6）将书中内容和我们的生活结合起来。当我们通读这本书时，让我们问问自己，我们自己遇到类似情况会如何处理，或者会如何将其付诸实践，以便帮助我们实现沟通目标。

正如戴尔·卡耐基所说："知识只有得到应用，才能转化成力量。"就让我们将从本书中学到的东西加以应用吧。

本书可以帮你做到五件事

（并令你成为更好的自己）

1. 成为更好的倾听者

2. 能够轻松化解冲突

3. 发现建立信任关系的秘诀

4. 与他人深层互动

5. 建立更稳固的关系

《如何赢得朋友及影响他人》中的
30 条原则

　　戴尔·卡耐基很多年前创立的人际关系原则的基础在戴尔·卡耐基培训机构所做的一切工作中居于核心地位。令人好奇的是，他的那些想法竟然与现代生活如此息息相关。事实上，如果我们面临某个挑战，我们所要做的就是翻看这些原则，并思考如何改善现状。以下便是那些真正颠扑不破的经典原则。

建立联系
成为一个更友好的人

- 原则 1：不批评、不指责、不抱怨。
- 原则 2：真诚地欣赏他人。
- 原则 3：激发他人的需求。
- 原则 4：真心实意地关注他人。
- 原则 5：微笑。
- 原则 6：记住，每个人的名字在自己听来是任何语言中最甜美、最重要的声音。
- 原则 7：做一个善于倾听的人，鼓励他人多谈谈他们的想法。
- 原则 8：谈论对方的兴趣点。

· 原则 9：真诚地让对方感到自己重要。

取得合作
让他人接受你的想法

· 原则 10：赢得辩论的唯一办法是避免与人辩论。
· 原则 11：尊重他人的观点，永远不说"你错了"。
· 原则 12：如果你错了，那么迅速地承认错误。
· 原则 13：以友好的方式开始交谈。
· 原则 14：让对方即刻点头称"是"。
· 原则 15：让对方有更多说话机会。
· 原则 16：让对方觉得可以放心说出自己的见解。
· 原则 17：要真诚地从对方的视角看问题。
· 原则 18：与对方的想法和愿望产生共鸣。
· 原则 19：激发更崇高的动机。
· 原则 20：戏剧化地表达你的想法。
· 原则 21：使用激将法。

开始改变
成为话题引领者

· 原则 22：从赞美和真诚的欣赏开始。

· 原则 23：间接指出他人的错误。

· 原则 24：在批评对方之前，先讨论自己的错误。

· 原则 25：可以提问题，但切勿直接发号施令。

· 原则 26：让对方保全面子。

· 原则 27：称赞最细微的进步，称赞每一个进步，"衷心地嘉
许，大方地赞美"。

· 原则 28：给对方一个与实际相符的美名。

· 原则 29：多用鼓励，让过错显得容易改正。

· 原则 30：让对方乐意去做你所建议的事情。

来自导师们的建议

在本书的研究中，我们就"联系"这个话题采访了我们内部的几位相关方面的专家。我们提出的问题是："如果让您给大家一条有关更好地与他人联系的建议，您的建议会是什么？"以下是专家们的一些答复。

不懂得倾听、不敞开心扉、不懂得尊重、不懂得欣赏、不愿意征求他人观点，这些都可能导致无法与他人建立联系。相反，我们需要共鸣式倾听，并且要足够谦逊。这才是双方寻找共同点的基础。

——埃尔塞尔·查尔斯（Ercell Charles），客户转型副总裁
兼卡耐基资深导师

与他人的联系实际上遵循这样一个公式，即关系质量由接触质量和接触时间共同决定。我们都与相识多年的人存在人际关系，然而，要么这种关系质量不高，要么我们并没有真正持续地对待这些关系。最佳关系得以维持，有赖于你与他人保

持高质量的联系，并随时间的推移始终如一。

——奈杰尔·阿尔斯顿（Nigel Alston），培训师

　　关于建立联系，我最好的建议是——关注自己少一些。多听，少说，抛开自己！如果你真心对对方感兴趣，那就与他建立联系。有很多人在首次跟对方相遇时，就开始谈论自己。比如说："我来自佛罗里达，有三个孩子，喜欢钓鱼。"相反，你应该问问对方，他们家住哪里，家庭情况如何，他们有什么爱好。当你多听少说时，你就能找到双方的共同点。

——乔治·坎塔菲奥（George Cantafio），培训师

　　在我的成长过程中，我读过13所不同的学校。在学校里，我总是新人，所以必须很快学会如何与他人沟通、发展人际关系，并在此过程中获得尽可能多的信息，这一点至关重要，尤其是当对方的文化与你熟悉的文化差异很大时更是如此，要带着好奇心去了解对方。差异并不意味着好与坏——差异就是不同。当你带着疑问和好奇，敞开心扉对待差异时，你就能更容易地建立良好的人际关系。

——丽贝卡·科利尔（Rebecca Collier），卡耐基资深导师

　　在过去几年里，我们不仅都被要求做出改变，而且要

找到一种办法融入虚拟世界。记住自己的观念和态度，并视自己为"执拗的人"，这很重要。我喜欢称其为一种"瑕疵"。正所谓"瑕不掩瑜"，我们的缺点让我们成为了不起的人。

为了与他人建立联系，我们的每次交流都必须关注对方。这种联系的目的就是共同追求成功。叫一个人的名字的声音是最动听的，问问他们的名字怎么念。从他人的角度看问题，努力去了解对方，了解对方的生活。

永远记住："关注自己少一些，关注他人多一些。"

——格蕾丝·达格雷斯（Grace Dagres），高级培训师

卡耐基先生写道，如果想让他人对我们感兴趣，我们可能要花两年时间才可以交到一些朋友；如果我们变得对他人感兴趣，那么我们用两个月就可以交到更多的朋友。大多数时间，我们总会问封闭式问题，这些问题只是我们想要得到肯定的假设。当我们问含有预设选项的问题时，情况也是一样。若问"你喜欢甲还是喜欢乙"，你就没有给真正的交谈留出任何空间。

取而代之的是，你应该问一些开放式问题，然后根据他们的回答做出回应。一旦你的开放式问题得到回答，你就可以问"为什么会这样"或者"再多告诉我一点儿"。这就是与他

人建立真正联系的方式。

　　——安德烈亚斯·伊夫兰（Andreas Iffland），卡耐基资深导师

　　这还得回归到"对他人真正感兴趣"这个原则。这句话我们都听过无数遍了。但是，当你更深入地研究时，你就会明白为什么这条建议永不过时。戴尔·卡耐基说，对他人真正"感"兴趣，而非"有"兴趣。这两者并不同。"有"兴趣的重点在你常做什么事，"感"兴趣的重点在你的人性。后者隐含着这样一个假设：我们尚未真正对他人产生兴趣。这是一种观念，而非行动。所以，"我是一个真正对他人感兴趣的人"这样的说法就是一种身份认同。

　　这个原则也有"真正"感兴趣这层意思。想想当你"真正"对某事感兴趣时，你是什么样的人。对此，我们想多了解一些。我们有兴趣学习，问很多问题，并寻求更多信息。我们需要和其他人一起做这件事，透过表象深入挖掘，找出相似之处，加深对对方的了解。要想讨厌一个与你有共同点的人恐怕也难。

　　——罗伯特·约翰斯顿（Robert Johnston），资深培训师

　　疫情迫使我们多数人不得不戴口罩。但是，口罩并非只是人们戴的物理面具，也是心理面具。在我们的培训课上，我

们做的第一件事就是帮助人们"摘下"面具。当然，这并非字面意思。我们每个人的身份面具都是我们想要向世人展示的形象。真正的转变发生在我们放下戒备心理的时候，同时也是给他人机会去建立信任的时候。训练的真正价值不在于它的内容，而在于学会在观念中如何把自己排除在外，而把他人排在首位。只有当我们先了解他人，才可能信任他人。

——大卫·卡巴科夫（David Kabakoff），培训师

几年前，有人给了我这个建议：任何时候，去有陌生人的地方，你就想象你正在主持一场聚会。你希望每个人都因为去了那里而感到舒适，受到欢迎，得到赞赏。不要过于强调自己，也不要过于关注他人对你的看法。走出自我，关注房间里的其他人，让他们感到惬意，这也是人们相互之间建立联系的一种方式。

——杰恩·利德姆（Jayne Leedham），卡耐基资深导师

我最好的建议是："不要试图自己去建立联系。"要让他人介绍一下你想联系的人，在他人之间做介绍。例如，除非你能与他人建立联系，否则没人知道你是干什么的。但是，建立联系不仅仅需要"横向"沟通。的确，在和他人交谈时，灵活地转移话题很重要。然而，"纵向"沟通对于建立联系同样也很

重要。持久地谈论某个话题才有可能让讨论更深入，从而建立真正的联系。我们往往太在意人与人之间的交流，太在意我们能从中得到什么。我们应该问一问"我为什么在意这些"。我们应该用对话的方式提问，并以合作的态度表示"我们是解决问题的人"，让那些叫得出自己名字的人围绕在你身边。

——汤姆·曼根（Tom Mangan），资深培训师

我建议大家最好通过认真倾听去理解他人，去弄清楚他人的需求，看看你是否能以某种方式为他们服务。通过以他人为焦点进行交往，你就可以在倾听的基础上了解到他们的价值观以及我们和他们之间存在的共性。通过倾听去了解这个人是谁。他们看重什么？他们有什么目标？他们要完成什么样的任务？我们并不要求所有对话都要深刻、有意义。但是当你认真倾听从而去理解他人时，你便是在与他人进行联系。

——劳拉·诺兹（Laura Nortz），资深培训师

我要告诉你的建议来自一个根深蒂固的信念，那就是我们的内心世界比我们的外部世界更强大。内在的力量最终会转换为我们向外部展现的力量。我们在谈论的联系实际上是内在的联系。大家可能都听过冰山一角这个说法。的确如此，我们所看到的冰山之一角只是外部世界，冰山强大的力量其实隐藏

在水下。如果我们先花些时间，让大脑和心灵协调一致，也就是说让我们的思维和情绪保持一致，那我们就是在为与他人交往积蓄能量。当我们这样做时，我们便更可能与他人建立良好的联系。

——雷娜·帕伦特（Rena Parent），资深培训师

对于希望提升与他人联系能力的人，我建议首先考量一下他们是如何与自身联系的。根据戴尔·卡耐基的观点，我们在进入成年世界时会在某种程度上失去自身的本真，失去我们内心孩童般的情感。有人可能会将这种损失视为一种"妄自菲薄综合征"❶（impostor syndrome）或"掩饰"（covering）。而我断定，它是由于我们缺乏与自身本真的联系而造成的。

为了适应环境，我们很多人会丧失更深层次的自我，从而导致生活平庸，关系缺失。如果一个人没有建立真正的联系，他就应该审视自己的内心、情绪智力和自我联系的能力，以便确定是否存在内在联系的脱节。

——安托瓦内特·罗宾逊（Antoinette Robinson），培训师

---

❶ 妄自菲薄综合征：由临床心理学家保琳·克兰斯（Pauline Clance）和苏珊娜·艾默斯（Suzanne Imes）于1978年发现并命名。英语原文 impostor syndrome 字面意思是"冒充者综合征"，或译为"负担症候群"，意即自我能力否定倾向。——译者注

说到与他人沟通，你需要考虑发展一些持续一生的关系。哈佛大学的一项研究着眼于人们一生中的人际关系，他们发现，长寿、健康、成功等因素的关键在于一个人与他人关系的强弱程度。这比胆固醇更适合作为预测长寿的指标！事情不会很容易。我们需要投入足够时间和共同努力，以便维持这样的终生关系。但是，如果你一开始就有意建立一段持久的关系，然后投入时间加以维系，那么对你和对方来说，结果都会是积极的。

——杰夫·希默（Jeff Shimer），资深培训师

约翰·亚当斯（John Adams）是我在戴尔·卡耐基培训机构的一位导师，我是从他那里学到这一点的：他教给我的一件事是《如何赢得朋友及影响他人》中的第 1 条原则，即不批评、不指责、不抱怨。人们确实有批评、指责、抱怨的倾向！有一天，他问我："批评的对立面是什么？"我说："是欣赏。"他教导我说："不对。批评的对立面是理解。"

——弗兰克·斯塔基（Frank Starkey），资深培训师

通过阅读那些一直教授、实践和发展这本书中的智慧的这些受访者们的建议，我们可以看到这本书为建立联系而凸显的主题和勾勒的线索。在继续阅读之前，花一点儿时间重新阅

读导师们的建议，并寻找与你正在寻求建立的关系相关的新线索。

> "在你未来遇到的人当中，四分之三渴望引起共情。给予他们共情，他们会以爱相报。"
>
> ——戴尔·卡耐基

目　录

引　言

　　厄尼走进会议室那一刻感到有些紧张。他已经很久没有和这么多人在一起了。他的紧张并非出于健康原因，大家都已经做了体检，身体也没有什么不适，真正的原因在于社交方面。自从 2020 年以来，与人交往的规则似乎发生了变化，他不确定该如何与人建立联系了。不过，这是一次商业社交会议，这便是他来到这里的目的。

　　他刚戴上工牌，就有人走到他跟前，看了看他的工牌，说："你好，厄尼。我是芭布。"他应该伸出手来握手吗？在当前的工作环境中，问什么样的问题合适呢？

　　她伸出手，作了自我介绍："我在市场营销部，我们主要负责创造协同机会……"

　　厄尼注意到，她说话的时候，眼睛好像在扫视整个房间。她的脸上带着专业人士的微笑，并用眼神与他交流。但她说的话给人感觉像经过训练似的，很不自然。她说："给我说说你负责哪块业务吧。"

　　厄尼把他的公司描述了一番，这时，她的脸上有一种专注的表情——至少他是这么看的。她说的话题都很恰当，讲话时长也很合适，从职场意义上来说刚刚好。然后，她向厄尼递了她的名片，便走向其他人了。

"好吧，我想这就是人际网络。"厄尼一边想着，一边去拿苏打水，"有些东西永远不会改变。"

有些东西永不改变，但有些东西亟须改变

在戴尔·卡耐基培训机构，我们一致认为有些事情永远不会改变。毕竟，我们的创始人戴尔·卡耐基先生建立的那些永恒的原则到今天依然实用而且有效。

在疫情的影响下，世界经历了极大的转变，人们已经适应了虚拟会议、远程工作和保持社交距离。我们之前与他人联系的方式便显得有些久远，甚至有些过时。我们亟须与他人进行真正的联系，进行深刻而有意义的互动，这样的联系和互动应该基于我们与他人之间的共性而非利益。

那些仅仅为了销售商品、满足需求、交新朋友或感觉良好而与他人"联系"的方式需要改变一下。学习应该如何建立真正的联系的时候到了。

人际交往法则

利用戴尔·卡耐基的素材为这种与人交往的"新"方式做基础的优点之一是,它一点儿也不新奇。

戴尔·卡耐基留给我们的不光是某些原则,或者某个过程,他曾经教给了我们与人交往的一整套系统。他著书立说,创造了一系列"人际关系原则",本书的开篇已经将其悉数收录。这些原则是我们做的所有培训的根基,尤其可以作为改善人际联系的路标。下面,我们来谈谈这些原则是如何成为一个系统的。

建立联系(原则 1—原则 9),取得合作(原则 10—原则 12),开始改变(原则 22—原则 30)。

换言之,联系是合作与改变的基础和先导。联系造就融洽的关系;反之,缺乏联系会导致关系冷淡。合作造就影响力;反之,缺乏合作会导致屈从。改变使领导力成为可能;反之,缺乏围绕改变的合作,则会引起抗拒。

在厄尼和芭布的故事中,他从未感受到自己与她有过什么真正的联系。他们之间没有真正融洽的关系,结果,他对她无动于衷。也许他很快就会忘掉与她有过什么交集,即便碰巧看到她的名片,也很难想起有过什么交流。我们可以将缺乏联系归咎于防疫口罩、社交距离规定、虚拟互动、工作环境或

100 万个其他原因。但事实是，无论背景如何，联系确实是可能发生的。我们只需知道如何做到就可以了。

什么是联系

　　和一个人建立联系，正如这里所下的定义，是与其进行有意义的互动，一时或者一生都无所谓。和一个人进行"有意义"的互动意味着什么呢？在很多方面，联系就像审美——只有你感觉到它的存在，才能懂它。在很久不和一个人互动、交流的情况下，如果你还能感受到彼此间那种温暖的积极感，那么，这就是联系。同样，我们知道什么时候没和对方产生联系——想想那种空落落的感觉，许多事务层面的互动并没有提供什么意义感。

　　乔纳森·维哈尔乘飞机旅行时，通常戴着耳机，原因不是他在听音乐，而是他生性内向，得空就思考，总让新的想法进入脑海。他说："我坐飞机飞行数百万千米，倒是建立过一些很好的联系。有一次，我们乘坐一架小型飞机，飞到印第安纳波利斯❶时遭遇了严重的颠簸，那种颠簸简直让你担心机

---

❶ 印第安纳波利斯：美国印第安纳州首府和最大城市，位于印第安纳州中央，跨怀特河两岸。——译者注

翼会掉下来。坐在我旁边的女士抓住我的手，可我们之前从未说过话。我心里明白，她准是吓坏了。因此，在我们手拉着手时，我就开始和她交谈，询问她的工作、家庭和爱好，从而让她不去担心颠簸。我们之间建立的联系虽然持续了区区几分钟，却是那么真切！此后再没见过她，也再无音信。但我永远不会忘记她，也不会忘记我们的谈话。"

联系无处不在

联系的机会无处不在。联系可以发生在正式场合，比如社交会议或销售会议上，也可以发生在日常的工作场所和私人生活中，比如：

- 和保险公司通电话时
- 排队买咖啡遇见咖啡师时
- 在家庭聚会上碰到不常见的人时
- 遇到一个和自己不对路的人时
- 在社交媒体上发表评论时
- 在单位的休息室时
- 在单位跨职能或跨级别工作时
- 还有更多场合……

联系可以自然而然地发生，也可以依策略进行；它可以有计划地发生，也可以自发地进行。无论是面对面交流还是虚拟互动，人们都是可能发生联系的。

与及时达 ❶（Instacart）的联系

特丽的车胎爆了，她决定利用及时达快递服务平台订购一些杂货。她的代购商尼尔给她发了一条短信："没有全麦汉堡面包了，可以换成松软白面包吗？"

特丽有个选择。她可以用一个简单的"是"来回答，也可以建立一种联系。

"哎，我猜这是上天要告诉我去得到我原本真正想要的东西的方式吧。我正在努力保持健康，所以当时就订了全麦的。"

此刻，尼尔也有个选择。他可以不予理睬，也可以推进联系。

"是的，这绝对是一个健康饮食的标志。感谢您立即回复。"

"没事。我可以想象，当您站在那里等待，而对方没有回复时，一定很沮丧。"特丽继续与他建立联系，表达对他的

---

❶ 及时达，英文名 Instacart，是一家美国生鲜杂货电子商务平台，于 2012 年在旧金山成立，提供新鲜食品和日常用品的当日送货服务，业务覆盖美国和加拿大。——译者注

共情。

"的确如此！但您这样的客户令我很开心。"

那天，特丽和尼尔建立联系并没有什么"理由"。他这样做不是为了小费（因为她已经预订了），而她这样做也不是为了得到任何东西。事实上，他们本来不会相遇，因为按尼尔接到的指示是把食品放在门口。当交易完成后，聊天通道就会关闭，之后他们再也不会交谈。

联系可能发生在任何地方，有的简单，有的深刻。联系就像调味品一样，为生活增添滋味儿。这种联系能使他人快乐，也能使我们快乐，让我们微笑。谁不想笑对人生呢？

我们对于联系的看法

戴尔·卡耐基认为联系是一种外展型沟通。我们不是等待他人来找我们，而是向他人伸出手并主动联系。我们做好调查研究，问出有意义的问题，这反映出我们对他人的真正兴趣，从而实现从"对事"到"对人"的转变。倾听他人，对其所说、所想、所感的事情感同身受。这完全不同于等他人讲完，我们再去讲自己的想法。当我们和他人产生情感共鸣时，即便只有片刻，我们也可以与其建立强大的联系。这事关发现对他们重要的东西，事关"知晓"他们是怎样的人、他们需要或想要什么。这是基于戴尔·卡耐基在《如何赢得朋友及影响他人》中提出的第 9 条原则："真诚地让对方感到自己重要。"

卡耐基资深导师南·德雷克建议道："如果你真要去参加某个社交活动，就提前做好功课。例如，你要是去参加一年一度的节日聚会，提前搞清楚谁会去。做一些调查。比如，'某人的家里有三个孩子'。这样的信息可以帮助你和这些人更好地沟通，因为这表明你在倾听，而且在关注对他们重要的人和事。你可以毫不费力地找到某人在领英上的资料（或者其他社交媒体上的资料），并就此对他们有所了解。"这会帮助你建立联系。你们上过同一所学校吗？你们对相同的公益事业都感兴趣吗？你们生活在同一个城市吗？你们获得过相似的证书吗？你们追随同样的一些人吗？这些小事儿可以开启一场精彩的对话，激发强大的联系。无论是朋友关系、同事关系还是网友关系，你都不能找借口不去了解对方。

求同存异

与不同的人产生联系是否毫无挑战？当然不是。在现代社会，人际冲突已是常态。这致使一些人怀疑我们与其构建联系时的动机。他们的反应会是"你想从我这里得到什么？我不会因为你而改变自己"。

然而，正是在这些情况下，联系才最为重要。真正的联系可以从差异中找出共性。一旦共性被找到，冲突就随之减少。我们可能不同意对方的观点，但我们可以走进他们的世界，稍做停留，去理解他们的观点，尝试改变我们自己的观点，或者至少了解引起分歧的真正根源。

事实是，改变我们自己要比改变环境更加容易。因此，我们可以通过改变我们自己来改变环境。

本书的结构安排

本书分为两部分：第一部分探讨与联系相关的精神元素，即我们的意识和观念；第二部分探讨人际元素，即技巧和外展型沟通。当这些要素结合起来时，联系就会产生。

意识和观念 + 技巧和外展 = 联系

要点速览

● 戴尔·卡耐基培训机构所做的联系业务始于 1912 年。
● **建立联系**（原则 1—原则 9），**取得合作**（原则 10—

原则 12），**开始改变**（原则 22—原则 30）。

● 联系造就融洽的关系；反之，缺乏联系会导致关系冷淡。

● 联系意味着发现人们的核心需求——对人们重要的东西。我们一直在这样做，但目的不只是索取。

● 联系的类型

1. 工作型 / 私人型

2. 线下型 / 线上型

3. 圈内人士型 / 圈外人士型

4. 非策略型 / 策略型

● 真正的联系并不功利。它基于第 9 条原则："真诚地让对方感到自己重要。"

● 戴尔·卡耐基对沟通的看法：不要等他们来找你。

● 从"对事"变成"对人"：我随时都可以和你联系。

● 改变我们自己要比改变环境更容易。因此，我们可以通过改变自己来改变环境。

"仅仅理解这些原则是不够的，你必须对它们加以应用。如果你想要学习如何应对压力和焦虑，那么你必须走出去解决麻烦。如果你想学习演讲，那么你必须站起来发表演讲。如果你想学习游泳，那么你必须跳进水里。没有水，你就不能游泳；不与他人共处，你就无法产生联系。"

——奈杰尔·奥尔斯顿

第一部分

意识与心态

要改变表现，先改变情绪和行为

有人说，一切变化都是从内部开始的。这就是本书第一部分首先审视了那些存在于我们每个人内心的因素的原因。联系既来自意识，也来自心态。当我们意识到自己对那些与我们既相似又不同的人产生了有意识和无意识的想法时，当我们展现出与生俱来的亲和力和自我强加的局限性时，当我们发现价值不仅存在于我们共享的东西中，也存在于自身的独特之处时，当我们培养了改变框架与过滤器的能力时，我们就可以用正确的心态，发展出深刻而有意义的联系。

第 1 章
人各有差别，但也有共性

感恩节一直是厄尼最喜欢的节日，不仅仅是因为他喜欢薇拉姨妈做的苹果馅饼和妈妈做的香肠。厄尼喜欢感恩节，还因为这个节日让他有机会与通常隔一年左右才能见到的家人们取得联系。当然，他的家人会有些欣喜若狂。但谁的家人又不是呢？

当厄尼把车开到表弟艾迪家的车道上时，他看到家里的好几个人都已经在那里了。他不禁在想，今年的情况会不会有所不同？会不会感觉依然如故？或者，要想容忍那些和他没怎么相处的人会更难？

联系会带来什么

有研究表明，71% 的人在遇到压力时会求助于家人和朋友。人是社会性的动物，总会本能地通过与他人的关系使情绪和身体上的需要得到满足。

该研究指出了联系的几大好处：

- 使人更快乐。在几项令人信服的研究中，快乐的人和不快乐的人之间的关键差别在于，前者拥有良好的关系。在工作场所和我们的个人生活中都是如此。

● 使人更健康。最近一项针对老年人的研究表明，高血压患病风险升高的情况与孤独有关。

● 使人更长寿。一项为期 9 年的研究发现，拥有强大社会纽带或社区纽带的人，死亡风险要降低 1/3，甚至 1/2。

联系在我们自己的日常生活中会是怎样的呢？联系可能呈现出多种形式，从实实在在的帮助到会心一笑，再到支持乃至情感上的认可。

"你今天能去学校帮我接一下孩子吗？我在路上堵车了。"

"我听了心里不是滋味儿，你现在真是不容易啊。"

"我知道，你得照顾睡眠少的新生儿，你也挺难的。很快就会过去的，要坚持住啊。你能做到的！"

"不妨你和莱斯丽安排个每周一次的二人之夜？"

"我以为只有我在这一天梦想着坐上飞机，飞到一个新的地方呢！"

不同点与相似点

我们大多数人都见过（甚至拥有）彼此之间完全不同的兄弟姐妹。就连 DNA 相同的同卵双胞胎，都有可能存在差别！比如说，演员拉米·马雷克（Rami Malek）❶性格外向，善于交际，多次赢得大奖，走上红地毯，走在聚光灯下。他的双胞胎弟弟萨米·马雷克（Sami Malek）却没有这些特质，不像哥哥那样热衷于受到关注。相反，萨米选择了一份学术界的职业，终身教书。

人与人之间何以如此不同？答案就在于我们的相似点。人类具有一套核心的共同人际需求，只是我们表现需求的方式不同罢了。

三个基本需求

1.我们分享了多少？美国心理学家威廉·舒茨（William Schutz）的职业是研究人际需求。他对于这些需求的洞察力源自他早期的工作，即研究海员们在潜艇上服役，观察他们如何提升行为表现。我们可以想象，在潜艇上，他们必须很好地协作，然后发现，在三到六个月的调度期，他们很难离开彼此。舒茨说，追求或显露情感的需要是全人类的核心需求（欣赏是另一种形式的情感）。每个人都需要被欣赏、被认可，但是我

❶ 拉米·马雷克（Rami Malek），埃及裔美国演员，1981 年 5 月 12 日出生在美国洛杉矶，他的孪生弟弟叫萨米·马雷克（Sami Malek）。
　　——译者注

们在如何被满足和需求程度方面存在着个体差异。比如说，大多数人乐于分享发生在自己身上的事情，以此展示开放的内心或情感，另一些人则更有可能守口如瓶。一些人总想了解他人发生了什么，而另一些人则不那么感兴趣。需求没有定式，重要的是要能被理解，人们有分享意见和听取意见的不同需求。

2. 谁说了算？除了情感的需要，人们也有控制的需求。控制是对人或事件产生影响的能力。就像对于情感一样，对于控制我们是如何感知到的，这一点也存在个体差异。我们有些人更会控制局面，能做到得心应手，其他人则对控制不那么感兴趣，即便他们在应对混乱情况方面也没什么问题。同样，我们有些人总想着他人会告诉我们该做什么，而另一些人则不是很情愿让他人发出指令，况且，许多事情没有正确的答案。人的行为都是由自己的人际需求驱动的，这塑造了我们与他人的互动，理解这一点对构建联系是有帮助的。

3. 谁在我们的"核心圈子"？最后，舒茨说，归属感是人类的一种基本需求。他还说，它和其他两种需求一样，存在于一个连续体上。人们对归属感有不同的需求，这些需求可能会随着不同事物的出现而变化。一些人想要更多的归属感，另一些人可能只想要更少的归属感。我们可能想邀请我们认识的每个人来参加生日聚会，也可能我们只是想要两三个亲密的朋友。同样，如果我们的邻居正在举办一场聚会，那么我们会不会因为没有收到邀请而感到失望呢？或者我们反而松了一口气呢？

情感、控制和归属，这三个需求不是静态的需求，而是依赖于环境的。在某种情况中，一个人可能对控制有很高的需求，但在另一种环境中，他对控制的需求较小。比如，有一位经理坚持每天让他的团队汇报最新情况，却不关心他的家人每年去哪里度假。

如果把这些想法作为一个整体来看，我们就有情感、控制和归属的多重需求，而我们在如何使这些需求得到满足上存在个体差异。由于人们在不同环境下可能会变得不同，沟通对于能够相互联系就更加重要。我们都想让他人进入我们的"圈子"，我们也想进入他人的"圈子"，只是想要达到的程度不同。我们想要对他人开诚布公，也想让他人对我们开诚布公，只是想要公开的程度不同（有些人公开多，有些人公开少）。

应用理解

"见到你真是太好了，厄尼！"艾迪叔叔说，"进来吧。你的表兄妹们和薇拉姨妈都在客厅。"

在进屋之前，厄尼就能听到他的表兄弟彼得的声音。像往常一样，他在谈论宗教。彼得是在每一次聚会上都尽可能多地与人分享自己观点的人。无论在政治上还是牵扯宗教，厄尼都不同意彼得的观点，他在过去常常忽视后者的咆哮。但今年，彼得的咆哮似乎比往常更令人讨厌。

厄尼决定走向沙发，坐在他侄女艾弗丽旁边。她绝对是那种归属和显露的需求都很低的人。在她还很小的时候，厄尼经常发现她在某个角落里看书。现在，她已经长大成人了，可看起来一如从前一样傻乎乎的，就只是坐在沙发上看手机。"嘿，艾弗丽！"他喊了一声，坐在她旁边。

艾弗丽看到厄尼时，眼前顿时感觉暖暖的。厄尼先于彼得走过来坐在她旁边，令她很开心。"你好，厄尼叔叔。好久不见了。"

当他们坐在一起谈论彼此的生活时，厄尼的薇拉姨妈走进房间并宣布："大家好，我有坏消息要告诉大家。烤箱坏了，火鸡生着放在里面已经三个小时了。晚餐没有火鸡！"

混乱随之而来，薇拉的丈夫安德鲁开始责怪她："你怎么会没注意到它没开呢？有没有做饭的味道你闻不到吗？"

"我怎么可能闻不到味道呢？没什么好闻的！"薇拉说，"我打开烤箱的开关了！你上个星期就应该检查一下！"

"好了，好了，"彼得发话了，试图证实他可以控制局面，"我们有三个选择。我们可以借用邻居家的烤箱，等一会儿再吃。我们可以只吃配菜。或者，我们可以去一家提供丰盛感恩节晚餐的餐馆。我想我们应该……"

"真是个控制狂，"艾弗丽喃喃地对厄尼说，"只是一只火鸡而已。"

彼得绝对是那种喜欢控制局面的人，而薇拉推卸责任，表明她对被控制缺乏兴趣。厄尼笑着回答艾弗丽："他们可能是怪胎，但他们是我们的怪胎家人。"

没有最佳方案

值得注意的一个重要问题是，虽然围绕不同类型的需求，即围绕情感、控制和归属的一些语言可能表明，存在一种"理想"的方式，但是我们相信，每一种倾向都有意义和价值。与他人联系的一个重要方面是我们会接受和理解他人与我们的不同。

我们应该如何将这些想法应用于我们与他人联系的方式？让我们来看看人类的基本需求和个体差异，来洞察具有这些倾向的人会如何接受联系。

情感

对情感或显露的需求度较低的人很可能会犹豫是否要分享太多的个人信息或故事。要和具有这种倾向的人建立联系，重要的是要在沟通中匹配对方提供的信息量和开放度。不要

"过度分享"，应该让谈话的焦点集中于他们的兴趣点和他们愿意谈论的事情上。

对情感或显露表现出极高欲望的人喜欢与人打交道，喜欢讲述自己的故事，喜欢得到他人的认可。当与这样的人打交道时，倾听并询问他们的经历和感受是建立联系的关键。

无论人们表达的偏好处于高、中、低哪个水平上，我们都要跟随他们的脚步。对他们希望你更多参与以及他们什么时候想要退出谈话的暗示要保持敏感。你可能需要增强或削弱自己的偏好，以便满足他们的需求。

控制

有些人表现出控制局面的需要，他们是具有自我导向性的。他们是那些勇于对成功和失败承担个人责任的人，当事情的结果没有计划的那么好时，他们会对自己非常严厉。我们需要理解这一点。在他们的行动带来积极结果方面，我们要加以评论和赞同（比如说"你做的演讲很棒，大家都很喜欢"）；而当事情进展不顺利时，我们要表现出同理心（比如说"当演讲过程中出现技术困难时，这可能真的很糟糕，但你在保持冷静方面做得很好"）。这些都是与这类人相联系的办法。

对于那些对某个情形不太可能表现出控制欲的人，我们需要区别对待。要与有这种倾向的人建立联系，你需要把你们交谈的重点放在那个人对此情形的感觉以及你们共同的经历上面（"你开会没有迟到，的确很幸运，我发现像这样停车就感觉很好""真是抱歉，园艺师把门开着，你的狗跑了，你一定吓坏了"），并避免指出这类人对某种结果所要承担的责任（比如说"也许你应该在园艺师离开后检查一下大门，对吧"）。重点是与他们沟通，而不是纠正他们。

不管他们是否表现出控制需求，要提出问题并共情（当然是如实的），以便走进他们的世界，一同分享你们曾经经历的可以控制和不可控制的事情。同样，他们的喜好可能与你的喜好不同，但通过调整你通常的沟通方式来满足他们的需求，你就可以改善这种联系。它适用戴尔·卡耐基的第 18 条原则："与对方的想法和愿望产生共鸣"。

归属

有些人较少流露出主动邀约他人的偏好，他们在一对一的环境或较小的群体中可能会更自在。要和这样的人沟通，首先得找到他们！他们可能是坐在自助餐桌上的人，也可能是坐在一边一个劲儿地倾听的人。要明白，他们在谈话一开始可能会感到尴尬，但你越是真心关注，他们就越能被吸引过来。

有些人想在大多数情形下将人们聚在一起，他们可能是某个聚会的灵魂人物！你可以看到他们主动邀请大家，与每个人保持沟通，并确保每个人都参与讨论。要想与一个具有这种特点的人建立真正的沟通，重要的是，你要深入社交的表象之下，发现对他们来说真正有价值的东西是什么。

和往常一样，重要的是，要认识到他们表现出多少对于归属感的需求，要认识到这可能与他们想要的有所不同。史蒂夫经常邀请人们到他家看足球比赛，或者外出烧烤。然而，当他受邀参加朋友们的聚会时，他却经常隐身。我们不应该把这种行为看成针对个人的。相反，我们应该将这一点看作人们的需求，对其加以尊重，并相应地调整我们的行为。

真实性

处于核心位置的是真实性这个概念。在本书中，你会一遍又一遍地读到这个概念。我们不是为了从他人那里得到一些东西而与他们建立联系。那样的话是不会产生相互作用的。我们不会为了在咖啡里多加一杯糖浆而去问咖啡师他今天过得怎么样。我们问他今天过得怎么样，是为了真正体验到与对方的联系。这样做有助于我们成为真正关心他人的人，这会让他人更开心，也让我们自己更开心。

不过，真实性是双向的。我们不仅需要真诚地进入他人的世界，也需要让他人进入我们的世界。如果我们沟通得足够深入，那么对方可能也会这样做。当然，这并不意味着当有人问我们今天过得怎么样时，我们就将自己和盘托出。但这意味着我们必须愿意先走出一步。一声问候是我们应该对他人做的事情，而不是期待他人做的事情。除非我们愿意分享自己的内心（不管我们对情感需求的偏好如何），否则我们不会建立有意义的联系。

从本质上说，当我们建立联系时，我们要注意以下四点关键因素：

● 你们有什么共同点？没有什么比发现两个人有相似的朋友、背景、经历、兴趣、爱好和热情能更快地弥合两个人之间的差距了。建立联系的一项任务是找到这些相似之处，以便创造共同基础。劳拉住在北卡罗来纳州，当时她正在给来自中国台湾的学员教授一门在线课程。其中一位学员特鲁特问她是否认识卡姆，因为他们在同一个地方工作。她说认识。于是特鲁特和劳拉建立了稳固的联系。

● 对方有什么令人感兴趣之处？当我们让一个人谈论他感兴趣的事情，并以此与之打交道时，便创造了一种很好的联系。奥布里·珀西在一次晚宴上发现自己坐在李的身边，而李没有参与谈话。李什么问题也没有问，似乎对任何事情都不感兴趣。不知不觉，话锋转向酿造啤酒。在接下来的一个小时里，李全神贯注地帮助奥布里弄明白酿啤酒的过程，讲解为什么这个过程如此令人兴奋。两人因李的兴趣而建立了联系，奥布里与一个拥有很小的"核心圈子"的人建立了联系。

● 他们的动机是什么？有时候我们会设想，激励我们的东西也会激励大家。人是不一样的！当我们能够发现某个人是受什么动机激发或者被什么事物激励的时候，我们便可以找到一种方法去和他们建立深层次的联系。萨米尔认为，他的团队成员的动机与他相同，并在交流过程中经常提到这一点。他最终发现，他们加入这个团队的原因和他截然不同。他改变了交流的焦点，开始关注团队成员的兴趣，而不是他自己的兴趣。

● 他们看重什么？我们每个人都有不同的价值观，甚至两个人做同样的工作也可能是出于截然不同的原因。一个可能看重改善组织的机会，一个可能看重产生影响的机会；或者，一个看重这份工作创造的自由，一个看重这份工作带来的经济保障。当我们了解某个人所看重的东西时，我们就能了解他是什么样的人，而这就是建立联系的坚实基础。

设想你的制胜一击

资深培训师雷娜·帕伦特说："我丈夫曾经是美国冰球联

盟（NHL）的冰球运动员，我的两个儿子也都是高水平的冰球运动员。当他们开始思考自己想要实现的各种目标之间的内在联系时，他们是从内心的想象开始的。即使不在冰上的时候，他们的头脑和内心也比任何一个竞争者都更强大。你需要构想你的制胜一击。你的制胜一击会是什么？你需要走进你自己的内心，权当这个招数已经派上用场。每天睡觉的时候都这样做，而这正是最成功的运动员经常做的事情，他们总是想象着自己会赢得比赛。"

同时，在下一章中，我们将看一看我们的群体性问题，并找出我们在联系这件事上自我强加的限制。

要点速览

- 联系的好处是：
——使人更快乐。
——使人更健康。
——使人更长寿。
- 对情感、控制和归属感的需求是所有人的核心。
——情感：我们分享了多少？
——控制：谁说了算？

——归属：谁在我们的"核心圈子"？

● 情感、控制和归属这三个需求不是静态的需求，而是依赖于环境的。

● 有时我们需要增强或削弱我们自己对这三个需求的表达。

● 与他人联系的一个重要方面是，我们会接受和理解他人与我们的不同。

● 从本质上看，当我们建立联系时，我们关注四个关键因素：双方的共同点、对方令我们感兴趣之处、什么能激励他们以及他们看重什么。

"你知道一个领导者最重要的品质是什么吗？不是执行能力，不是一种伟大的心态；不是善良，不是勇气，也不是幽默感，尽管这些品质每一样都是极其重要的。在我看来，关键是交朋友的能力，归根结底就是看到对方最好的一面的能力。"

——戴尔·卡耐基

第 2 章
克服自我强加的限制

厄尼站在单位休息室外的露台上，强忍着没说出一些可能会令自己后悔的话。今天早些时候，老板把他叫到她的办公室，让他看他的季度业绩评估，并给了他一些不堪入耳的反馈意见。他的情绪成熟度必须很高，才不至于和她当场争论。"她对外面的生意场简直一无所知。"他心想，"她待在那张办公桌后 5 年多，外面的很多事情早都变了！我总不能直接走进客户办公室，要求和他们的首席营销官谈业务吧。那样做肯定不行。"

厄尼收到这种无法苟同的反馈已不是首次了。随着时间的推移，他已学会在情绪激动的时候什么也不说，先借故离开，冷静下来。几分钟后，厄尼感觉血压逐渐降了下来。"好吧，她说的也有道理吧？我没有把自己的想法告诉高级管理层，这样做是不是就算保持冷静了呢？这样做对吗？"

你是否曾和一些你觉得比你更成功的人相处一室，从而感觉受到震慑或者经历了"妄自菲薄综合征"？培训师安托瓦内特·罗宾逊将用亲身经历向我们讲述他是如何克服这些自我强加的限制的。

"当时，我正在更新我的戴尔·卡耐基资格认证。我紧张极了，想着成为戴尔·卡耐基认证培训师对我来说究竟是不是正确的一步。当我坐在戴尔·卡耐基培训机构里最优秀、最聪明的那些学员当中时，我意识到我内心的批评者正忙于告诉我：'你做不到。'我真的能够指引具有高潜质的人进入他们下一个上升期吗？我的资质足够好吗？一股怀疑的洪流涌上心头，我注意到我开始赞同内心的那个批评者的说法。"

"一位卡耐基资深导师也赞同我的自我怀疑，但他却让我来指导房间里的一名高管。我心想：'你是认真的吗？'就在我离开座位，走到培训室前面，考虑是否应该装作借故要去洗手间然后回家，这时一个念头闪现在脑海里：我意识到我已经脱离了我的高我（higher self），即我的真正本质。"

"我开始回想起所有那些给我的生活增添光彩、为我的头脑倾注才华的领路人；回想起我曾经无数次不懈地努力，最终获得成功的场景；也回想起在我之后到来、希望我保持着真实本性和高我的那些人。不用说，我的高我战胜了自我批判。直到7年后，我都为自己能当一名持证卡耐基培训师而感到骄傲。"

"总而言之，我想借用一句网络流行语：'请检查网络连接……'通常，这种连接的断开发生在内部，而不是外部。"

这位卡耐基资深导师是如何在安托瓦内特身上发现她自

己所没有看到的东西的？答案就在乔哈里视窗 ❶（见图 2.1）。

	自己已知	自己未知
他人已知	显露区	盲点区
他人未知	隐藏区	未知区

图 2.1　乔哈里视窗

　　我们常常意识不到他人是如何看待我们的，以及我们是如何向他人展示自己的，甚至意识不到我们对自己有多么了解。乔哈里视窗是一个帮助我们建立自我意识或让我们变得更加开放的模型，由心理学家约瑟夫·勒夫特（Joseph Luft）和哈里·英厄姆（Harry Ingham）所创立。他们认为，人们往往没有完整的自我意识，而缺乏自我意识会影响一个人的一生。

---

❶ 乔哈里视窗（Johari Window）是一种关于沟通的技巧和理论，也被称为"自我意识的发现 - 反馈模型"，也译为"沟通视窗"，用来解释自我和公众沟通关系的动态变化。这个理论最初是由美国著名社会心理学家约瑟夫·勒夫特（Joseph Luft）和哈里·英格厄姆（Harry Ingham）在 20 世纪 50 年代提出的。——译者注

该视窗包含四个区域：显露区、盲点区、隐藏区和未知区。让我们更详细地探讨这个模式或框架，以便增强自我意识，因为它和与人沟通相关。

显露区

显露区是指我们自己和他人都知道的区域。我们可能会把家庭合影或湖人队赛季票放在办公室。包括我们自己在内的所有人都可能意识到，我们开会总是迟到，或者我们特别擅长使用办公自动化软件。这些都是我们能意识到、他人也能意识到的关于我们的事情。

盲点区

盲点区是他人知道而我们不知道的事情。也许我们唱歌很难听，我们却自认为很棒。有时候，养宠物的人没有意识到他们的房子有一股猫砂或狗毛的气味儿。对于这些，他人都意识到了，可我们并没有意识到。

厄尼的老板叫他去她的办公室，是想向他解释，他低估了自己，没有把好的想法展现在客户面前。她觉得厄尼对他自己的才能存在盲点。

事实是，每个人都有盲点，这些盲点会在我们不知情的情况下影响我们与人互动的方式——即使我们的初衷可能是善意的。关于这一点还有更多内容，本书后面章节有关无意识偏见的探讨也属于此类问题。

隐藏区

隐藏区包含那些我们知道却对他人隐藏的区域。例如，如果我们一直处于财务困境，然后不得不宣布破产，那么我们可能不想让其他人知道这个秘密。跟配偶或孩子闹了别扭或者一直在找另一份工作，这些都可能是我们选择隐藏的事情。隐藏的事情未必一定是坏事儿，也有可能正是我们的强项。我们可能不想让每个人都知道我们很擅长调酒，否则以后在聚会上，每个人都想让我们给他调一杯。我们可能会隐藏自己的专业特长，也许是因为我们不想再从事这个行当，或者单纯不想被人贴上"总是"主持会议的标签。总之，隐藏区的信息是我们知道但他人却不知道的秘密。

未知区

乔哈里视窗的最后一个区域是未知区。这个区域里有我们自己和他人都没有意识到的东西。我们会喜欢玩儿翼装飞行吗？没有人知道，因为我们从未尝试过。我们能快乐地生活在偏远的湖边吗？我们会乐意为一家大型公司工作吗？这些事情如果我们不曾做过，就永远是未知的。

正是存在未知区和盲点区，人们之间才会有沟通的机会！我们对他人的好奇心越强，并且邀约他人构建的真正的联系越多，就越能发现我们原本不甚了解的自己（也许还能帮助对方发现自己以前不知道的事情）。

识别盲点

沟通中的盲点可能会导致有效领导力的消亡。戴尔·卡耐基训练的研究界定了四个核心领域，其中，我们可能没有意识到自身的影响力，我们也可能自认为做得很好，但实际上并非如此。

1. 赞美与欣赏。大多数人会说，他们没有得到足够的反馈，尤其是他人的赞美和欣赏。我们大多数人也都能意识到，我们自己付出的还远远不够。

2. 错了就要承认错误。有时候，我们过于关注为什么要这样做，或者，明明只需承认错误并加以改正，却非要掩饰。

3. 倾听、尊重并珍视他人的意见。我们要主动征求并相信他人的观点，而不要在他人的观点跟自己的观点不同的时候予以忽视。

4. 员工要能够相信领导者会真诚地对待他们和其他人。尽管有些时候领导不会共享所有信息，但我们越透明、越诚实，就越能在团队中建立起信任和忠诚。

这四条与我们每个人都息息相关，即便我们没有在工作中担当领导角色，这些关于盲点的知识也可以帮助我们所有人更好地了解我们的实际行为和期望行为之间的差距。当我们努力找出盲点，并学会在个人层面上努力克服时，我们就更有可能与他人形成有意义的联系。

乔纳森·维哈尔是一名新培训师。他的同事布莱尔·米勒恰好是一名擅长建立联系的培训师，这一点在本书的后面章节可以看到。当这位同事给他反馈，让他在课前和课间休息时花些时间与他的学员联系时，乔纳森回复道："我为什么要费这心思呢？我又不会再见他们了。"布莱尔指出，要让他人愿意接受我们的帮助并尝试去做出改变，私人联系是基础。布莱尔说："没有联系，你就无法进行有效的培训、领导、指导，或从事任何涉及人的事情。"

在评估我们自己行为的影响力时，请牢记以下几个要点。

● 假设我们在评估自己的能力时不够客观。这意味着我们需要帮助。可利用的360度评估工具有很多种，以帮你洞悉同事们对你的认知。

● 做好接受反馈的准备。放下自我可能很难，但许多人会从自我调整中受益，这些技巧可以帮助他们积极地获得并接受反馈意见。至少，请你不要中断反馈，你可以问一些问题来帮助你理解反馈意见。

● 感激反馈者的好意。虽然收到那种暴露盲点的反馈会让人感到不舒服，但是要记住，提出建设性的反馈意见也很难。很有可能，那些提供反馈意见的人是在试图帮助你。有句老话说得好，"忠言逆耳利于行"。有时候，我们倒是希望，人们在反馈意见时最好附带一张收据，以便我们可以将反馈意见物归原主。但建设性的反馈意见是一份馈赠，需要对方有足够的兴趣去留心，需要有时间去精心制作，需要有勇气把它交付出去。

● 打破俗套。当我们变得墨守成规，落入那种回应议题、召开会议、培训员工等与他人交往的俗套时，我们就会对周围的事情视而不见。

● 说做就做。这没什么坏处。简单的学习行为也能鼓励自己培养更敏锐的自我洞察力。这也意味着，采取行动会赢得双重收益：你会因此意识到自己在激励员工等关键行为上的表现，同时会努力加以改进。

"真相会让你重获自由。但一开始，它可能会让你生气。"

布莱尔的反馈让乔纳森很生气。但乔纳森意识到，布莱尔是在帮助他提高效率。一旦明白了这一点，他们就能通力合作，乔纳森也能提高业务水平。

我们不可能完全消除自己的盲点，因为盲点是人性的一部分。但是，通过坦率的自省和专注的努力，我们可以进行自我引导，努力成为我们期望成为的卓越领导者。

有了自我意识，我们就要采取所谓的"学习者思维"。要心胸开阔，拥有好奇心，坦然接受过错和失误。我们即使经过努力达到了无可挑剔的高标准，也必须把自我留在门口，不要将自负带入工作中。

自我检查

为了充分运用乔哈里视窗的下半部分❶，我们必须熟悉自我检查的做法。要想知道我们对自己已有的认识是很容易的。在隐藏的事情上进行自我表露是与他人沟通时可以利用的一个强大工具。

反馈

为了充分运用乔哈里视窗的左半部分❷，我们必须习惯于

---

❶ 乔哈里视窗的下半部分指隐藏区和未知区。——译者注
❷ 乔哈里视窗的左半部分指显露区和隐藏区。——译者注

接受反馈。除了询问我们信任的人之外，再没有其他办法可以帮助我们识别盲点区。征求反馈建议，然后敞开心扉接受，这是与他人沟通的另一个强大工具。

随着我们致力于持续的学习和成长，我们总能找到方法来克服我们因为重新认识自我而产生的不适感，并能敞开心扉，邀请他人提出反馈意见，从他人视角看待自己。

"我们不会爱每个人，也不是每个人都会爱我们。但我们都能够相互欣赏，维护彼此的尊严。"

关系映射

我们在戴尔·卡耐基培训项目中所做的练习之一是所谓的关系映射，其目的是认识我们在生活中所拥有的各种关系的本质，以及我们在其中所扮演的角色。这个过程可以改变我们的生活。卡耐基资深导师安德烈亚斯·伊夫兰为我们讲述了这个过程如何让他看到了自己一些亟待改变的地方。

"在培训过程中，我们绘制了一幅关系图。当我填充该图时，我意识到所有跟我在一起的人，或多或少都是被迫来到这里的。有同事，有家人。于是我就在想，'我的朋友都有谁'那时我已经 35 岁了，才发现自己并没有真正的朋友。接着，培训师向我们介绍了戴尔·卡耐基原则，我开始明白自己过于自信了。我过去一直想向他人展示我有多好，他们有多差，并尽可能拉大彼此的差距。但是从培训中，我意识到这不是生活该有的方式，于是我开始学着改变做事方法。区别对待他人，给予真诚赞赏，学会谦逊礼让，虚心向他人学习，对他人充满兴趣，以及勇于承认错误。这些都是我以前做不到而现在才开始尝试着做的事。你知道吗？这奏效了。如今，我是一名培训师，一名卡耐基资深导师。我正面向全球发展培训师。当我看到这些培训课程给我带来的改变时，我深知，我想帮助他人。多年来，我在这门课上遇到过一些难以相处的学员。然而，老实说，那些人当中和之前的我一样差的可能也就两三个而已。每个人都可以改变。如果我能改变，任何人都能改变。"

如何绘制关系图

哪些人值得我们信任，能向我们提供反馈并帮助我们发现盲点？关系图是回答这个问题的有效途径。要绘制一幅关系图，你需要先拿出一张纸，在中间写上"我"字，在它周围画一个圆圈。再以中间的圆圈为起点，向外画 8 条线，与周围的人物身份连接起来，这些人在我们生活中分别扮演以下 8 种角色（见图 2.2）。

- 亲属
- 下属
- 供应商
- 社区邻居
- 职业合伙人
- 同伴
- 上司
- 客户

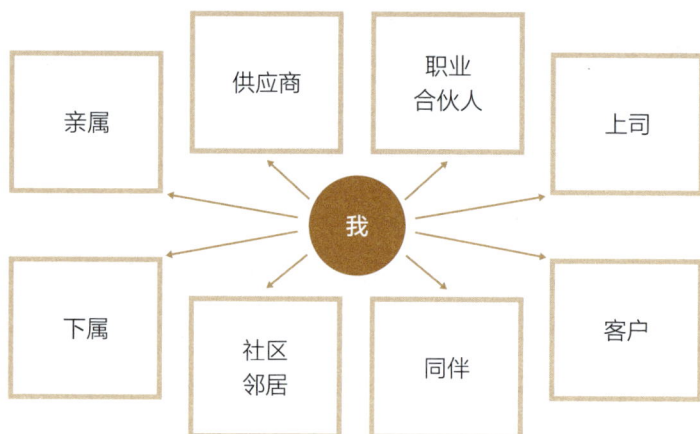

图 2.2　绘制关系图

　　请在那些使我们觉得可以放心寻求反馈意见的人物身份旁打上星号。这些人不只会说"我们想听的话"，而且安全可靠，值得信赖，这一点很重要。我们将在本书的其他训练中也使用关系映射的概念。本书后面的一章中有一节讲的是如何处理你收到的反馈信息，以及当有人要求我们提供反馈时我们该如何应对。

鲜为人知的成功秘诀

我们在这一章所谈到的每一件事背后都有一个成功的"秘诀"——热情。热情往往被误解为"啦啦队长"行为。其实，热情是我们与他人联系时带来的一种心态，也是我们真诚地期待与他人交流和互动的时候所拥有的心境。我们对他们要说的话持开放态度，热衷于把自己的难处放在一边，暂时走进对方的世界一会儿。当然，有时这种热情可能很难找到。

雷娜·帕伦特给我们讲述了培养热情的最好方式。"一旦表现出热情，你就会变得热情。这是卡耐基先生的话，意思是，你是沟通和对话的缔造者，你要努力为关系打造双赢的结局。这最终也就意味着，如果我充满热情，你也会热情满满。"

以下节选自戴尔·卡耐基《鲜为人知的成功秘诀》（*The Little Recognized Secret of Success*）

热情为我创造了奇迹

我会很遗憾地说，我并没有从我的祖先那里继承任何伟大的智慧，但我确实从我母亲那里学到了一种超凡的热情。热情对于营销重要吗？是的，真诚、发自内心的热情是几乎任何事业成功的最强大推力之一。

查尔斯·施瓦布（Charles Schwab）拿着上百万美元的年薪。他告诉我，他成功的秘诀是热情。他宣称，一个人可以在几乎任何事情上取得成功，只要他或她对此有无限的热情。

我曾经在一个广播节目中采访过弗雷德里克·威廉姆森（Frederick Williamson），他当时是纽约中央铁路公司的总裁。当我询问他的成功妙方时，他说："我年岁越长，就越是确信，热情是一个公认的成功秘诀。成功者和失败者在实际的技能、能力和智力上的差异通常不算太大，也不明显。但如果两个人其他条件几乎相等，热情的一方就会发现成功的天平会为他或她倾斜。一个能力一般但拥有热情的人，往往会胜过一个能力一流而没有热情的人。"

"情绪驱动力"才是最重要的

我曾经听一位著名的心理学家在讨论军队能力测试时说过，智商测试有一个重要的缺点，即他们无法衡量"情绪驱动力"。根据智商测试，得分低的人通常被视为只适合从事低级的工作，而得分高被认为才是成功的保证。你我都知道，那是一种多么严重的误导。我见过智商低的人突然被一个新想法或新工作"燃起激情"。它给了他们"情绪驱动力"，从而使他们取得了巨大的成功。我也见过高智商的人惨遭失败。

当马克·吐温被问及自己成功的原因时，他回答说："我的兴奋与生俱来。"

威廉·里昂·菲尔普斯（William Lyon Phelps）是耶鲁大学历史上最受欢迎的教师之一，他也跟我讲了几乎同样的话。菲尔普斯教授甚至写了一本书，书名是《教学的兴奋》（The Excitement of Teaching）。在那本书中，他说："对我而言，教学不仅仅是一门艺术，或者一项职业，也是一种激情。我喜欢教书，犹如画家喜欢绘画，歌手喜欢唱歌，诗人喜欢作诗。早上起床之前，我总是怀着热切的喜悦想着见到我的学生。

"事业成功的主要原因之一是，能够每天保持对工作的兴趣，拥有长久的热情，把每一天都看得很重要。"

一个夏日的晚上，我研究了两个经营观星台的小商贩的销售能力。他们在纽约公共图书馆对面的42号街上架起两台望远镜，明码标价，其中一台看一次月亮收费10美分，另一台望远镜稍大一些，每次收费25美分。

收费25美分的小商贩所得是收费10美分的4倍。可以肯定的是，使用收费25美分的望远镜可以获得更好的视野，但是，这款收费更高的望远镜成功的主要原因在于负责它的商贩的个性。那人热情洋溢，总能兴致勃勃地谈论观星的感受，以至于路人为了在他那里看月亮，可能会错过晚餐。那个经营着较小观星台的人什么也不说，只是按序依次服务。在我看来，这个经历正是热情发挥价值的一个典型例子。

当获得诺贝尔物理学奖的爱德华·维克多·阿普尔顿（Sir Edward Victor Appleton）爵士被任命为爱丁堡大学校长时，《时代》周刊给他发了一封电报，询问他有没有什么成功的妙方。"有，"他回答说，"是热情。我认为这一点甚至比专业技能更重要。"

热情居于首位

我不知道世界上还有什么比热情更能帮助你的。托马斯·A.爱迪生（Thomas A. Edison）曾经说过："当一个人去世时，如果他能够将热情传递给孩子们，他就给孩子们留下了无法估量的遗产。"经验证明，这一点是真的。热情会产生财富。人不仅要有财富，也要对生活充满热情。

拉尔夫·瓦尔多·爱默生（Ralph Waldo Emerson）被认为是美国最伟大的哲学家，他曾看到热情的价值。他在一篇文章中写道："世界历史上每一个伟大的、里程碑式的时刻，都是某种热情的胜利。"

想象一下办公室里有两个人做的是完全一样的工作。一个人心不在焉地工作，似乎对此感到厌烦，看到时针指向五点就开心；另一个人则兴致勃勃地工作，觉得工作令人兴奋，每一天都是历练。那么，你认为哪一个会做得更好？哪一个会领先呢?

热情不仅仅是工作的干劲儿。热情应该贯穿人的整个生命和生活。如果你拥有它,你就拥有了无价的财产。珍惜它吧。

在下一章中,我们将探讨如何做到容忍差异,并且重视差异。

要点速览

● 乔哈里视窗的四个区域是显露区、隐藏区、盲点区和未知区。

● 重要的是要意识到我们的盲点,并使用自我检查来识别未知区。

● 发现自己盲点的最好方法之一是征求他人的反馈。

● 我们不会爱每个人,也不是每个人都会爱我们。但我们都可以相互欣赏,尊重我们的尊严。

● 关系图帮助我们了解我们生活中各种关系的本质,以及我们在其中扮演的角色。

● 在创建我们的关系图时,以下是一些需要考虑的角色:

◆ 亲属   ◆ 下属

◆ 供应商   ◆ 社区邻居

- ◆ 职业合伙人　　　◆ 同伴
- ◆ 上司　　　　　　◆ 客户
- ● 成功的小秘密：热情

"你需要如何改变，才能让事情发生改变？"

——奈杰尔·阿尔斯顿

第 3 章
珍 视 差 异

◎◎

"本吉，回来吃完晚餐。"

厄尼和妹妹、妹夫在一家不错的意大利餐馆吃饭。妹妹让外甥到处乱跑，厄尼为此感到震惊。他们小时候在吃饭时，父母压根儿不允许他们离开餐桌，更不要说在餐馆内到处乱跑了。更过分的是，厄尼的妹妹还会对自己的外甥说脏话，不强制要求他按时就寝，还能受得了儿子的"顶嘴"。厄尼断然不能接受自己的孩子也这样做。

坦率地说，令厄尼烦恼的不只是和妹妹说说这么简单了。他想着自己可以更包容些，甚至希望自己可以理解妹妹的那一套道理。但他每次都欲言又止，因为他不想和自己唯一的亲妹妹之间因为这件事儿而起冲突。

皇帝的新装

有一个古老的寓言，作者是汉斯·克里斯蒂安·安徒生（Hans Christian Andersen），讲的是有一位皇帝非常喜欢新衣服，为此不惜花掉所有钱财买衣服。一天，京城里来了两个织工。他们听说皇帝不惜重金购买新装，便心生一计。他们要让皇帝相信，他们有一种特殊的线：任何愚蠢的人和不称职的人都看不见这样的线。皇帝很高兴有这样一套服装，于是付给他们一大笔钱，让他们就用这样的线给自己织一套衣服。日复一日，他们坐在织布机前，假装在织布。最后，他们向皇帝呈上了一套用所谓的特殊线织成，却并不存在的衣服。皇帝穿上了这件新装，却什么也看不见，这让他很惊讶。他不想显得愚蠢或不称职，于是穿上新装，到城里散步去了。他问众人："你们觉得我的新装怎么样？"看着什么也没穿的皇帝，城中百姓们错愕不已。但他们不想挑战皇威，便选择逢场作戏。"太漂亮了！""这衣服真合您的身材！"他们随声附和着。皇帝为他的臣民们的忠诚而自豪不已。后来，一个小孩儿挣脱父母，跑到了皇帝面前。"你什么都没有穿！"小孩儿大喊道。百姓们开始窃窃私语："他什么也没有穿啊！"但没有人敢告诉皇帝。皇帝继续走着，显得十分自豪。

这则寓言强调的是，当我们周围的人害怕告诉我们残酷的事实、不敢挑战我们的想法，或者不敢表达异议时，我们就会面临某种危险。无论是在更广范围的政治圈，还是在小范围的朋友圈，找到差异比"容忍"差异更为主要。我们必须主动弄清楚差异所在，并主动和那些与自己存在差异的人进行沟通，这是推动创新、引起改变、革新思维、优化结果、激发诸多可能性的动力所在。正如一句老话所说："如果什么都不改变，什么也都不会改变。"如果我们停留在自己固有的框架和思维模式中，我们就永远不会成长。相反，如果我们对那些与我们存在差异的人采取开放的态度，就会迎来意义非凡的联系。否则，就不会有什么有意义的联系发生。

创造性摩擦

琳达·希尔（Linda Hill）是哈佛商学院工商管理专业的教授。她和同行们研究了皮克斯、谷歌以及全球许多其他公司的创新模式，发现"不同的人互相协作，就会产生广泛的想法，他们经过互谅互让和激烈的争论，提炼和演变出新的想法。创新通常在这时出现。因此，协作应该包含激烈的分歧。然而，思想碰撞引起的摩擦可能令人难以忍受……许多单位或团体常常试图阻止或减少分歧，但这只会压制创新所需的自由思想和丰富讨论"。

这个概念被称为"创造性摩擦"。用日产汽车美国设计部门创始人、《创造性优先权》（*The Creative Priority*）一书的作者杰里·赫什伯格（Jerry Hirschberg）的话说："创造性摩擦指摩擦的积极维度，它在推动事物前进过程中发挥着不可或缺的作用。如果没有它，发动机将无法工作，某一个重要的热量和电能来源将被消除，地球表面的相对运动将会终止。"

摩擦并不罕见。但是，我们该如何将创造性摩擦引入联系当中，以便实现互惠互利的目的呢？

说起来容易做起来难

通常情况下，人们说"要对分歧持开放态度"，这说起来容易做起来难。当某些差异与我们所秉持的核心价值观相悖时，就更是如此。而且，正如我们在上一章看到的那样，有时我们会有盲点，甚至不知道我们具有某些价值观，直到慢慢有了认识。你有多少次都是在对新闻报道或社交媒体上所见到的某个事件做出激烈反应后，才意识到自己对该事件持有某个观点的呢？"这不对啊！"你可能会愤愤不平。"这样的事情不应该发生呀。"在没有看到相关报道或发布之前，你可能都没意识到你会关心此事。

要与那些和我们价值观不同的人建立联系时，第一步是要清楚地了解自己所持有的价值观。

价值观意识测验

以下是我们在培训课程中提供的一份自我评估，该评估能让参与者清楚地知道，他们成长过程中所形成的价值观直到今天仍然可能影响着他们。

价值观意识测验

（1）小时候，我接受的教育是庆祝与祖国或宗教信仰有关的特定节日。

（2）成年后，我为自己成长中接受的文化和学到的明确的行为规范而感到骄傲。

（3）作为一种信仰，我需要依照宗教或遵循特定的传统行动。

（4）还有一些对我重要的仪式活动，我可以依照自己的兴趣、性别、年龄或者其他因素来自主选择。

（5）我的大多数同事对我的背景和价值观知之甚少或一无所知。

（6）我认为宗教和文化庆典应该是私人的事情。

（7）我熟悉同事们的文化背景和宗教信仰。

（8）我尊重我们团队成员的文化习俗和传统。

（9）我公开分享自己遵循的习俗或庆祝的节日的意义。

（10）只有本国的法定节假日才应该在单位受到重视。

（11）我发现同事们的一些习俗、传统令人好奇或令人反感。

（12）如果所有同事都有相同的价值观，我们的工作场所就会更加和谐。

价值观意识指标

如果你对第（1）—（4）项回答"是"

这可能表明你与自己的文化、宗教传统和价值观有很强的联系。这可能会给你一种强烈的使命感，为你的道德行为提供指导，并在不熟悉或有压力的地方给你带来安慰。

相反，你的个人经历和坚定的信念可能会让你更难欣赏与你不同的观点。

如果你对第（5）—（6）项回答"是"

这可能表明，你在公开表达自己的价值观方面更加保守，并认为其他人也应该这样做。当确实存在分歧时，你倾向于避免冲突和对抗。然而，如果你对他人反对的评论或行为漠不关心，那么这表明你缺乏觉察，这会产生一些问题。

如果你对第（7）—（9）项回答"是"

这可能会被解读为你对他人持开放态度，认为差异是有趣的，而非令人反感的。这样的态度有利于在同事之间建立融洽的关系。

如果你对第（10）—（12）项回答"是"

你可能是一个文化价值观和风俗习惯方面的纯粹主义者。

这种视角的一大优点可能是，它能营造出一个所有人愿意接受的同质化的工作场所。其缺点可能是，它很容易疏远那些持有不同意见和具有其他风格的团队成员。

当你看到自己在价值观意识测验中的结果时，你会不会感到惊讶呢？你是否同意这些结果？建议让你信任的人给你提出诚恳的意见（而绝非"皇帝的新装"式恭维），看看你的自我认知中是否存在盲点。

价值观训练

另一种确定价值观的方法是，看看你认同哪些被广泛接受的价值观。表 3.1 中列举了一些常见的价值观。请浏览表 3.1，圈出最重要的 10 项（可随意添加内容）。

表 3.1　一些常见的价值观

接纳	平衡	贞洁	创意
纪律	信仰	优雅	幽默
友爱	乐观	适应	自控
传统	灵活	勇敢	快乐
果断	同理心	家庭	健康
独立	忠诚	激情	决心

平和	信赖	抱负	冷静
同情心	可靠	热情	忠贞
幸福	正直	谦逊	坚持
尊重	团队	眼光	自信
直率	顺从	虔诚	公正
慷慨	诚实	仁慈	服从
权力	敬畏	节约	智慧

圈出自己的十大价值观之后，删掉一半儿，留下你最看重的前 5 项。然后，开始留意你生活中的重要时刻（比如心花怒放或者喜极而泣的瞬间）是如何体现这些价值观的。迈克在观看女儿参加的《美国忍者勇士》（一档障碍赛真人秀节目）时，注意到一个 11 岁的女孩儿在奋力穿越赛场上的一处障碍，但却没能成功。"在两分半钟的时间里，她紧紧抓住一根横木，用胳膊和肩膀支撑自己的体重，并试图让横木移动到她需要去的地方。她试了各种办法，但一直没有放弃！直到规定时间到，她才最终放手并倒在垫子上。她非常难过。后来，我坦诚地告诉她，这一幕是这场赛事中最精彩的部分，因为她没有放弃！她尽她所能，但没有放弃，尽管其他几个女孩儿放弃了这项艰难的挑战，跑完了剩下的赛道。"这种坚韧不拔的表现与迈克坚持不懈、勇于创新的价值观十分契合。对他来说，看

到这些价值观如此完整地表现出来，真是一种美好的感受。

同样，回想一下你自己因为他人的举动而特别愤怒的时刻，看看它有没有可能违背你的五大价值观之一。卡姆·罗伯逊（Cam Robertson）记得，当他还很小的时候，一个对他来说就像是父亲一样的人，也是这个他非常尊敬的人，用了一个贬义词来形容一个种族群体。卡姆不假思索，气愤地厉声说道："这不是一个恰当的词！"经过反思，他意识到这样做违背了自己秉持的一个核心价值观，即尊重。"如果没发生对于核心价值的如此侵犯，我在回应这位先生时原本会更恭敬。但这是一种发自内心的反应，我刚好顺口说了出来。"

价值观的价值

我们为什么应该在乎价值观呢？这些价值观是用来理解生命的核心的框架。价值观的价值在于其如何指导我们的行为。让我们以慷慨的价值为例予以说明。作家丹尼尔·罗素（Daniel Russell）谈到不同场合下"慷慨"的不同呈现方式。

"帮助，有时意味着给予少许，有时意味着给予很多；有时意味着付出金钱，有时意味着付出时间，或者只是用心地倾听；有时它意味着提供建议，有时它意味着只需关心自己的事情。至于它在某个情境下究竟意味着什么，取决于若干不同因素，比如我与朋友的关系程度，我能为他人提供什么，以及朋友提出相关问题的原因和频次等。"

因此，虽然我们可能相信我们持有某些价值观，但是如何表达这些价值观在很大的程度上取决于情境。我们的价值观对我们来说至关重要。通常，我们无法确定它们来自哪里，但它们制约着我们的行为以及与他人的互动。正如我们的价值观对我们很重要一样，他人的价值观对他们也很重要。这意味着我们有两个选择：要么认为他们是"错的"，要么尊重他们的价值观，并试图理解（未必会认同）这些价值观在他们身上是如何体现的。

价值观的类型

价值观可以按照若干方面进行分类。我们所熟悉的包括：

- 个人方面
- 宗教方面
- 社会方面
- 家庭方面
- 组织方面

我们可以看出，这实际上是价值观表现的不同情境。例如，人们在家庭环境所接受的东西（比如信仰）可能在工作环境中不被接受。

看待价值观的另一种视角是，我们通过什么来表达价值观，这些因素包括：

1. 我们拥有的东西（比如一块奇特的手表、我们开的车、艺术品或装饰品）。

2. 我们所做的事情（比如我们的工作或爱好）。

3. 我们的行为模式（比如我们如何在压力下运作）。

4. 我们所钦佩和尊敬的人（比如我们的偶像或导师）。

5. 我们所信任的人（比如我们核心圈子里的人）。

前面几条可以更直观地反映出我们的价值观，但后两条往往更能准确地反映出我们真实的价值观。

我们可以通过观察这些因素来了解某一个人（他人也可以了解我们）。如果一个人言行不一致，那么与他产生联系便是具有难度的。爱默生曾经写道："你是什么……似有雷霆万钧，以至于我反而听不到你说了什么。"换句话说，你的行动胜于雄辩。

借助乔哈里视窗，我们也可以理解，一些差异是显性的差异（例如年龄、肤色、性别、身高和体重等），另一些差异是隐性的差异。后者通常是指价值观差异，例如宗教信仰、政治面貌、性取向以及其他与身份相关的差异。

R.E.S.P.E.C.T.

当我们的核心价值观与他人存在差异时，我们该如何弥合差距？图 3.1 详细说明了我们可以最大限度地利用我们的差异的方法。

以厄尼的事例来看，他与妹妹在抚养小孩儿上有着一套不同的价值观。当他最终与她谈及此事时，他却非常惊讶地发现，他们在价值观上的差异并没有他想象中那么大。他妹妹作为单亲家长在抚养本吉时不得不"面对挑战"，理解了这一点，他更能接受以一种新的方式来看待他一直在评判的事情。

R 理解共性（Relate to commonalities）

E 探索个性（Explore differences）

S 寻求理解（Seek to understand）

P 促进包容（Promote inclusion）

E 接受新思维（Embrace new thinking）

C 赞扬独特性（Celebrate uniqueness）

T 挖掘可能性（Tap into possibilities）

图 3.1 尊重（RESPECT）：最大限度地利用差异

资深培训师汤姆·曼根就如何尊重他人的差异性给我们

提出了一些非常好的建议。

"来戴尔·卡耐基培训机构之前，我在美国海军陆战队服役了 22 年半。当我告诉人们这段经历时，他们都很惊讶我居然做出了这么大的转变。好吧，不管在哪里，当想到人们之间存在差异时，也要想到人们同时也在应对着相同的问题、相同的挑战。我们可能着装不同，用语有差异，但实质上却做着相同的事情。理解这一点很重要。我们希望我们与他人的联系像他人与我们的联系那样容易。如何实现呢？我们的对话需要是横向的，而非纵向的。"

至于对话的性质，我们将在后面的章节中细谈，而这里汤姆的观点是相当好的。不管人们的背景、经历或者个性如何，每个人都在处理基本上相同的问题和挑战。我们可以使用戴尔·卡耐基教给我们的工具来弥合任何明显的差异，并找到共性。当然，这也并不总是容易的事情。然而，当我们努力尊重并重视差异（而不是断定他们是错误的）时，我们便创造了实现"创造性摩擦"的机会，这有助于我们建立联系，进行创新，寻找新的机会，去实现更好的结果。

迈出第一步

我们面临的挑战是怎样将观念转变为行动。想想社区、办公室、俱乐部或者教堂里那些与你有差异的人。下次遇到他们，请试着与他们交谈，以便了解他们是谁，他们在意什么，而不是回到仅与老朋友交流的所谓安全地带。我们将在第 5 章讨论如何做到这一点。

在本章，我们讨论了为什么主动与那些和我们价值观不同的人交往是很重要的。这样会让我们接触到新的思维方式并与他人建立新的联系。即使我们并不赞同他人的言语或行为，以开放包容的心态欣然接受差异的价值观也是非常重要的。

下一章我们将讨论我们的信念如何影响我们的感知，也会讲到眼见不一定为实，有时候所信才是所见。

要点速览

- 主动和那些与自己存在差异的人进行沟通，它可以推动创新、引起改变、革新思维、优化结果、激发诸多可能性。
- 开放的心态是建立联系的关键。
- 创造性摩擦是创新的关键驱动力。
- 价值观的类型：
个人方面、宗教方面、社会方面、家庭方面、单位方面。

拥有什么、做了什么、怎么做、钦佩谁、尊敬谁、信任谁。

- 差异的类型：

显性的差异：指人们能直观看到的差异。

隐性的差异：指与人们身份相关的差异。

- R.E.S.P.E.C.T. 可以帮助我们去包容和我们不同的人。R 表示理解共性，第一个 E 表示探索个性，S 表示寻求理解，P 表示促进包容，第二个 E 表示接受新思维，C 表示赞扬独特性，T 表示挖掘可能性。

第 4 章
框架、过滤器及其构成障碍的方式

　　厄尼今天心情低落。他痛失了一桩板上钉钉的买卖，所以一整天都在为此自责。他脑海中萦绕着搞砸这笔交易的所有可能的原因——"我是一个不合格的销售人员。""因为我和客户不在同一个行业。""今天我没卖出去，以后他们更不想从我这儿买什么了。""竞争对手的产品比我的更好。"

　　把车开到自家车道上那一刻，厄尼的心情更加糟糕。"我能不能换一种方式来看待这件事儿？"他心想。

　　我们当中有谁没有失去过一笔交易，没有在工作或约会中被拒绝过，或者没有得到过我们真正想要的东西？主观臆断乃是人类的天性。但是，正如我们在这本书中所了解到的那样，许多事情并没有朝着我们想象中的方向发展。当我们试图与另一个人（或情境）建立联系却被拒绝时，框架和过滤器的概念可以帮助我们获得理解。

框架

"框架"的概念由来已久。1955 年，格雷戈里·贝特森（Gregory Bateson）指出，语句"没有内在意义，只有在由语境和风格构成的框架中才能获得意义。"

换言之，如果有人说了一句"洛杉矶公羊队赢得了超级碗"，这句话在听者对此有一个框架之前是没有任何意义的。洛杉矶在哪里？如果"公羊"不是动物，那它是什么？什么是"超级碗"？"赢"又是什么意思？

如果一个人没有美式足球的概念，那么这些话就只是文字，并没有什么意义。如果一个美国小孩儿看到他的妈妈支持他最喜欢的美式足球队，他便会形成一个有关"足球"的框架。他在长大后，若是碰到一个从小接触英式足球的人，那么随之而来的将会是一场令他困惑的对话。

也就是说，我们的"框架"是对某一个话题或某一种情况的宽泛理解。它很像一个相机镜头，可以捕捉到某些东西，却忽略了另一些东西。我们只能听到或感知到来自自己框架的东西，而我们的框架又受到我们的性别、教育、社交、假想、个人日程安排和效能感等因素的影响。我们在这个世界上所拥有的经历或体验，即我们学习和观察的东西，都会形成框架。

但问题是，我们的情境框架通常是无意识的，这意味着我们并不总是明白，我们的经历或体验如何会塑造我们的感知。当奥布里·珀西还是个孩子的时候，就曾经宣称，纽约伊萨卡的仙境汽车旅馆是世界上最好的住处！而现在的她已经长大了，自己也有了儿子，才知道这家旅馆仅有一个恒温游泳池而已，并没有什么让我们会认为"极好"的地方。她的儿子也不会一想到要住这家又便宜又普通的汽车旅馆就感到激动，原因是"旅行的时候，我们有幸住更好的酒店，因为我因公出差时攒下很多酒店会员积分"。奥布里儿子的参照框架是三星级、四星级酒店，而她在她儿子这么大时，她的参照框架是一星到二星级的汽车旅馆，因为她的父母经济拮据，预算紧张，也没有酒店会员积分可以享用。

框架的影响

我们的经历会影响我们解释事件的方式。一道闪光划过天空，对其原因的认识取决于个人的框架。一些人认为那是不明飞行物，而政府会辟谣。另一些人则认为那是上帝的旨意，表明末日即将来临。还有一些人认为那是一次科学事件，是一颗气体流星进入了大气层。凡此种种情况均表明，人们的框架会受他们的信仰影响并决定了他们对事件的阐释方式。

听到一点儿消息并主观臆断，继而得到一些信息，这些信息可能会完全改变已有的框架，这种情况你多久会经历一次？例如，你收到老板的语音邮件，说"尽快给我打电话"。根据你的框架，你可能会臆断为自己做错事了，即将被解雇。但是，接下来你可能会想起，你刚刚获得一个大客户，为公司赚了一大笔钱。这可能会改变你的框架，让你猜想你的老板想给你加工资或发奖金。

哈罗德参加了一次全体员工会议，首席执行官在会上讨论了公司今年的财务业绩。会议结束时，首席执行官问大家有什么问题要问。没有人提问题。于是她找到了哈罗德，说："你一定有问题要问。"哈罗德问，为什么要设定那些难以实现的目标。这位首席执行官说："问得好！我也问了高管团队同样的问题。"然后她做出了最好的解释。在离开会议的路上，哈罗德的几位同事感谢他提出这个问题。哈罗德感觉很开心，正当他坐在办公室时，老板走了进来，关上门，坚定地告诉他："不要再这样提问题！这既让上级难堪，又会激怒负责人。"哈罗德后来向首席执行官道歉，而首席执行官似乎有点儿难为情，说无须道歉，还再次感谢他提出问题。

显然，这里有不同的框架在起作用。首席执行官想要用一个严肃的问题来让员工参与讨论。哈罗德对目标的实现情况感到好奇。哈罗德的老板要么感到尴尬，要么就是不想让哈罗德惹上麻烦。他的同事们欣赏哈罗德的勇气。哪一个框架是正确的？

下面是我们在本系列第一本书《倾听》（*Listen：The Art of Effective Communication*）❶中分享过的练习。当你听到以下内容时，你首先想到的解释是什么？

"你吃了吗？"

"哦，不好意思，你不喜欢这部电影。"

"你想去哪里吃晚餐？"

以下是在不同框架下对以上语句的解释。

"你吃了吗？"

这个问题可以看作邀请对方共进晚餐（"那就一起吃晚餐吧！"），或者是对一个人饮食习惯的批评（"现在都下午3点了！"），又或者是对这个人饮食消费情况的询问。

"哦，不好意思，你不喜欢这部电影。"

这句话可以看作对选择了一部此人不喜欢的电影的歉意

---

❶ 中文版由中信出版社于2020年8月出版。

（"我本不应该让你看一部浪漫喜剧"）、对此人的电影品位的敌意评论（"你从来不会喜欢我喜欢的电影"）或者是中肯地承认对方不喜欢这部电影。

"你想去哪里吃晚餐？"

这个问题在许多对话中都是经典的开场白。此问题可以理解为"告诉我你想去哪里吃晚餐，我们就去那里"。或者，如果信息的接收者回答了问题，然后发送者不喜欢接收者所做的选择，也可以将这句话设定在潜在冲突的框架中。"我们去奈德家吃饭怎么样？""我们昨天去了奈德家。"

从这三个例子中，我们很容易看出框架是如何影响人们倾听并回应他人的，也很容易看出不同的变量——即性别、教育程度、你与对方的关系和历史，等等——是如何影响这类情况的。

如果你和母亲的关系充满矛盾，她问你："你吃了吗？"你可能会觉得她是在责骂你。但如果是你的浪漫情人说："你吃了吗？"你会认为她在约你吃饭。同样的话会有完全不同的解释。

与他人反复接触会创建一个你们之间的框架，通过这个框架，你可以看到你与那个人的所有互动。问题是，我们可能都不知道我们正在构建框架！

过滤器

　　好在我们不会盲从那些无意识建构的框架，也不会反复遵从框架所带来的信息。我们会通过过滤器进行筛选。

　　框架是对某一种情况的"全景"式看法，过滤器则是一种有意识的选择，它能令人将注意力更多地集中在某一件事上，而对其他事的关注减少。比如在摄影时，框架就是相机镜头所能看到的范围，而过滤器就是相机选择聚焦的对象——哪些区域是清晰的，哪些区域是模糊的，哪些区域是亮的，哪些区域是暗的。卡姆·罗伯森向他的妻子展示了一张普吉岛海滩的风景美照，并赞叹道："哇哦！这张照片太惊艳了！"他的妻子苏珊只注意到照片下角那个身着暴露、引人注目的比基尼美女，没有注意到海滩的风景，她认为卡姆在看这个几乎裸体的女人，卡姆因此受到一番数落。

　　我们的过滤器可以改变我们对他人说话内容的理解。但是切记，过滤器无所谓好与坏，它只不过是用来管理那些进入我们大脑的数据的一种方式。我们的大脑连续不断地接受数以百万计的数据。为了确保最重要的信息不被淹没，大脑会进行过滤筛选。

　　有选择地识别自己和他人的过滤器，需要我们在倾听他人说话的时候尽量控制情绪。倾听一个与你有着相同框架、使用相同过滤器的人说话是很容易的。但与一个持不同世界观的人交谈时，如果双方各行其是，那么倾听就会变得越来越难。

乔哈里和我

乔哈里视窗模型可以帮助我们理解这一点，有些框架我们可以看到，其他人也可以看到，有些我们可以看到但不公开，有些是我们的盲点，有些是完全未知的。当我们考虑到其他人对我们的认识有自己的过滤器和框架时，事情就变得更加复杂了。

格蕾丝·达格雷斯讲述了一个故事，这是关于一个女人如何重构自己经历的。

"我们培训课上的这位女士已经当了20年的家庭主妇。她得到了一笔资金，准备再让自己进修一番，以便找一份工作，谋一番事业，于是选修了我们的'有效沟通'和'人际关系'这两门课程。她对我说：'格蕾丝，我真的没什么可在班里分享的，因为我当了20年的全职妈妈。'选修这个课程的其他人都有职业背景或工作经历。"我告诉她："你知道吗？你有最了不起的故事，坚韧不拔，且富有同理心，因为你已经当了20年的单亲妈妈，一直在为你的三个孩子将这个世界打造成一个更好的地方而努力着。"她眼里满含泪水地说："我从来没有听到任何人对我说过这种话。从来没有人认可我作为一名母亲的努力，因为我每天都只能领导自己。"虽然她对参加这个培训项目心存胆怯，但是她能够重新定义自己：她确实有所作为。这重塑了她的人生。

厄尼的交易为何失败——我们做一些假设

有意识地看待框架和接收信息时所使用的过滤器，这一点非常重要。

我们可以用"假设"来改变我们的框架。例如，人们对于拒绝会有哪些假设呢？与其相反的假设又是什么？在什么情况下，相反的假设会成立？想想厄尼错失交易的例子。

1.我失去了销售机会，因为我是一个能力差的销售员。

反假设：我不是因为能力差才交易失败的。在什么情况下反假设成立呢？"也许并非是我能力不足，而是因为顾客眼下不需要我的产品。"

2.他们从竞争对手那里买东西了，因为他们的产品质量上乘。

反假设：他们没有因为竞争对手的产品更好而从他们那里购买。

在什么情况下相反假设成立呢？"也许不是因为竞争对手的产品更好，而是它满足了客户的其他需求。那会是什么呢？"

3.我今天没销售出去，顾客总是会拒绝我。

反假设：就算我今天没销售出去，客户也不会总是拒绝我。

在什么情况下相反的假设成立呢？"也许客户最终会意识到，我们的产品真的会帮到他们。我该怎么确保产品的销售量呢？"

通过做一些假设（在本案例中指厄尼错失交易，但这个方法适用于任何类型的失败），你可以将过滤思维从"我无法应对失败"转变为"这不是个人原因，所以我不介意"。

在一次培训中，受邀而来的鲍勃·埃克特（Bob Eckert）和黛比·艾伦（Debbie Allen）正在教我们如何重新定义对事件的看法：当时班里一位女士拍了拍桌子，站起来，惊讶地高声宣布："我刚意识到，我离婚并不全是那混蛋的错！"这很好地论证了戴尔·卡耐基的第 17 条原则，"要真诚地从对方的视角看问题。"我们要抛开成见，将心比心。

框架与朋友

那么，在框架与过滤器的影响下，我们如何利用戴尔·卡耐基的原则，创造与不同的人合作的机会？答案在于根据以下原则来建立框架，努力成为更友好的人，然后努力获得合作。

通过使用以下这些原则，营造一个积极的环境。

原则 10：赢得辩论的唯一办法是避免与人辩论。

原则 11：尊重他人的观点，永远不说"你错了"。

原则 12：如果你错了，那么迅速地承认错误。

通过使用以下这些原则，以真诚的合作精神让对方参与进来。

原则 13：以友好的方式开始交谈。

原则 14：让对方即刻点头称"是"。

原则 15：让对方有更多说话机会。

通过使用以下这些原则，建立对他人观点的理解。

原则 16：让对方觉得可以放心说出自己的见解。

原则 17：要真诚地从对方的视角看问题。

原则 18：与对方的想法和愿望产生共鸣。

通过使用以下这些原则，为他人赋能。

原则 19：激发更崇高的动机。

原则 20：戏剧化地表达你的想法。

原则 21：使用激将法。

上述原则中的前 6 条有助于我们与他人进行对话，让他们提出真正感兴趣的问题，并保持开放的心态，这样你就可以确定对方的框架。请你走进那个框架，使用诚实和能与他们的观点共情的过滤器，即使这些观点与你的价值观不同。要对他人友好、坦率、恭敬，因为他们如你一样，也是从自己的生活经历中构建出自己的框架。你的工作不是评估他们的是非对错，而是真正理解他们的思维，这有利于你们更好地沟通。

凯莉是一位山地自行车骑手，长期以来致力于修护当地登山小路。她对近来频繁出现在小径上的新型电动自行车很是鄙夷。那些不那么坚定的人可以轻轻松松爬上陡坡，这令她不高兴。直到有一位朋友劝她试一试。她骑着电动自行车快速溜了一圈，笑着回来了。她才意识到这种运动的吸引力。

"感觉如何？"朋友说。

"哇，太棒了。"凯莉说。

"买一辆吗？"朋友说道。

"嗯，这种车骑起来跑得快，很有意思，"凯莉承认，"但我喜欢激发潜能，挑战自己，所以我才选择骑车。我不会买的，但我能理解人们为什么喜欢这车！"

至此，我们已经写完本书第一部分。在第二部分，让我们超越我们自己的意识和心态，关注自己与他人的关系。

要点速览

● 框架是对一个主题的广泛理解。我们的框架受到我们经验的影响，这个过程通常是无意识的。

- 过滤器是一种有意识的选择，它可以让我们更多地关注一件事儿而较少关注其他事。我们的过滤器可以让我们改变对他人说话内容的理解。

- 人们如何看待我们：我们的所作所为、个人形象、说话内容以及说话方式，全都受到框架和过滤器的影响。

- 改变我们的框架和过滤器的一个方法是有意识地识别我们的假设，然后推翻它们。"在什么条件下，相反的假设成立呢？"

- 在框架和过滤器的影响下，我们依然可以运用戴尔·卡耐基的原则，创造与不同的人合作的机会。

- 试着与框架不同的人建立联系，了解他们的想法，保持开放的心态。

"读完这本书，如果你的全部收获是：我们不仅要站在自己的角度看待问题，更要换位思考，接受他人观点。那这还远远不够。"

——丽贝卡·科利尔

第二部分

能力与创建联系

行动似乎跟随感觉，但实际上我们对行动有更多的控制权

　　为了与他人建立联系，我们必须知道该怎么做。联系不是一项个人行为。当我们独自坐着时，联系不会发生。我们如何才能学会建立和维系与他人的联系？信任在人际关系中起什么作用？如果人际关系遭到破坏，我们如何重新建立？冲突必然是人际关系的终结吗？共鸣式倾听和随便的"听"有什么区别？当我们通过网络与他人互动时，我们如何建立有意义的联系？本书的第二部分为我们提供了这些问题以及更多其他问题的答案。此外，本书提出的建立联系的建议和小贴士，也可以为我们的生活增添价值。

第 5 章
建立和培养人际关系

厄尼很紧张。与他十年未见的尼尔打来电话，希望他参加大家在洛杉矶盖蒂博物馆的聚会。他们是十多年的朋友，但厄尼已经很久没有见过尼尔了——大学期间他们是室友，自此之后再也没有见过面。厄尼曾向自己承诺，今年他将主动与对方联系并结交新朋友。有什么比与他以前认识的人重新联系更好的方式？尽管当时想得很好，但到聚会前一天晚上，厄尼只想取消约会，留在自己的舒适区。

人际关系需要精心维护

无论我们是在寻求结交新朋友，扩大我们的人际关系网，还是与客户建立联系，建立和培养联系都不会一蹴而就。良好的人际关系需要精心维护。我们不能只去交友平台花钱买一个新朋友。即使我们有一个朋友圈，我们也必须齐心协力来维持这些关系。杰夫·希默是这样解释的。

"让人们的关系靠边站是很容易的，你只需要转身离开。

如果你这么做了，无论当时你和对方之前有什么联系，现在都不适用了。维持关系需要付出努力，但它会带来实实在在的回报。

"1984年，我的婚礼上有6个人，他们对我来说都很重要。其中一个是我高中时最好的朋友，另一个是我高中时的另一个好朋友。其他人是我在大学期间认识的人，一个大学室友，一个通过童子军活动认识的人。我可以很高兴地说，我和其中很多人仍然是亲密的朋友。我们通过社交媒体一直保持着联系，也挺好的，我们能在社交媒体上互动，参与彼此的生活。然后，去年夏天，我决定带着我的孩子和其他几个人去新奥尔良进行一次周末旅行，庆祝我的60岁生日。我把这个计划贴在我高中的脸书页面上，我想我会找到一些可能想来的朋友。是的，一位曾经参加过我的婚礼的好朋友，也是高中时的亲密朋友回复了，他来自达拉斯，他说："嘿，我们会去的。"然后，他和他的妻子过来了，但正是那个周末，一场飓风来袭。

我们最终被困住了——14个人呢！我的两个22岁的女儿认为这很有趣，结果我在市中心的一间套房里消费了大量的酒店积分，我们在那里待了4天，没有电，也没有空调，我们只有一副纸牌和一些日用品。我们需要离开。但是，那里没有加油站，也没有出租车。没有任何办法出城。我那位达拉斯的朋友只住了一晚，第二天一大早就离开了。临走时他说我们得离开新奥尔良。他在佛罗里达州德斯廷有一个度假屋，我们可以使用。过了大半天，这家伙开着一辆装满应急物资的大型吉普车，从达拉斯开车到新奥尔良来接我们（约 8 小时的车程）。他请假接我们，然后带我们去佛罗里达（又用了 4 个小时）。他帮我们租了一辆汽车，把我们安置在他在佛罗里达州的家中。这太神奇了！与一位朋友建立终生的关系的感觉，这位朋友不仅愿意来和我一起庆祝，还会在我需要的时候拯救我。"

建立联系先要确定并设定一个长期的目标和愿景，然后再依据需要努力去加以实现。

对话开启链

那么，如何才能把一个完全陌生的人变成那种会在飓风中拯救你的朋友呢？这一切都始于一次谈话。

很多人不知道如何真正开始与他人对话。没人教过我们！我们遇到陌生人便自然开始谈论起自己或询问天气。我们的培训课程中有一种交谈技巧，叫对话开启链。这个观点的核心是在我们的脑海中形成相关的谈话主题。

对话开启链

● 房子铭牌

● 家长里短

- 家庭聚餐
- 工作手套
- 航空旅行
- 网球拍
- 电灯泡

想象你正走到一所房子的门前。大门上有一块巨大的黄铜铭牌。你能想象它的样子吗？大门后是一座漂亮的房子。这是你梦寐以求的房子，无论是颜色、窗户还是装饰的风格，都是你想要的。你能想象出这座房子的样子吗？当你通过玻璃向内看时，你会看到一个与你非常相似的家庭坐在餐桌旁吃你最喜欢的饭菜。为了让这个想象更贴近现实，再想象出一副工作手套。这是一款制作精良的棕色皮革手套。是的，门把手上有一副工作手套，就搭在门把手上。在你的脑海中设想一下这个场景。

现在，猛一抬头，你会看到一架色彩鲜艳的飞机在头顶飞过。你可以看到机舱里面，你可以看出人们在微笑，享受着飞行。这看起来很有趣，是吗？奇怪的是，在飞机舷窗外，你能看到飞行员手持网球拍。是的，窗外有一把网球拍！这是一个不同寻常的场景。飞行员正在使用网球拍拍打天空中突然出现的灯泡。灯泡！多么离奇的景象啊！你以前见过这样的事情吗？

希望你只是在脑海中看到了这一切。

现在再次阅读上面的两段文字，在你的脑海中设想一个奇特而又生动的场景。确保你能生动地看到它，并记住它。

联想的技巧基于这样一种想法，即我们的大脑通过图片来记忆，画面越夸张，我们就越记得住。当我们将画面联系在一起时，它有助于我们记住一些原本不相关的事情。长话短说，做一个好的倾听者对于建立和维持联系至关重要。我们为你提供了实用的场景工具，因为这些场景都与刚才提到的建立联系的常用话题相关，以便你可以轻松与陌生人开启对话交流并建立联系。这里有一些例子。

由铭牌可以联系到以下问题。

● 你的名字叫什么？它是哪些单词的缩写吗？你一直叫这个名字吗？

  ● 告诉我你名字的意义？

  ● 如何拼写你的名字？

  ● 你的名字是根据谁的名字取的？你对他们了解多少？

由房子可以联系到以下这些开场白。

● 你住在哪里？

● 你为什么在那里定居？

● 你在那里住了多久？你注意到哪些变化？

● 你住在那里是因为喜欢什么？

- 你以前住在哪里？你怀念那儿的什么？

由家人围桌吃饭的场景可以联系到以下问题。

- 跟我说说你的家人吧。

- 你的家人喜欢从事哪些活动或传统？你喜欢其中的哪些？如何让你与家人保持联系？

- 你是否想避免被问到任何令人不舒服的问题，例如"你结婚了吗"或"你有孩子吗"。

由棕色皮革工作手套可以联系到以下问题。

- 你在哪里工作？

- 跟我说说你的工作吧。

- 关于你的工作，你最喜欢或最不喜欢它的哪一方面或哪些方面？

- 你的职业生涯是如何起步的？

- 是什么让你对你的职业感兴趣？

- 如果你不在现在这个单位，你会做什么（工作是我们很多人交谈中最合适的话题）？

由这架色彩鲜艳的飞机可以联系到以下问题。

- 你喜欢旅行吗？你迄今为止去过的最喜欢的地方是哪里？

- 你常出差吗？你有没有去过一个你从未想过要去的地方？

  - 你想去哪里旅游？你梦想的目的地是哪里？

  - 你最近去哪里度假了？

  - 下一个假期你打算做什么？

由飞行员伸出车窗的网球拍可以联系到以下问题。

- 你有什么爱好？你喜欢它们的哪一点？你为什么对它们感兴趣？

- 当你不工作时，你喜欢进行什么活动或观看哪些比赛？你为什么喜欢？

- 你喜欢什么娱乐活动？可以跟我说一说吗？

- 你是如何涉足这项爱好的？

由空中冒出的灯泡可以联系到以下问题。

- 根据当前（本地、本区域、本国或国际）情况提出一些问题。

- 根据你周围正在发生的事件（例如网络活动、社交活动、工作活动）提出自己的观点和疑问。

如果说有谁在他职业生涯的早期需要这种方法，那就是乔纳森·维哈尔了。在他申请他的第二份工作时，他的新老板丽莎·汉密尔顿（Lisa Hamilton）带他去吃了午餐。面试进行得很顺利，丽莎对他的工作能力很满意，但她告诉人事经理："他吃午餐时什么都没说！"她的意思是，他没有问任何问题，表现得貌似他是一个性格内向的人。对，他回应了她发起的谈话，然后说："我不知道该谈些什么。我问了所有关于工作、人员和公司的问题，我不知道还能聊些什么话题！"在后续面试中，他准备了一些问题（在招聘人员的强烈劝导下），然后得到了这份工作。到现在他才明白，他因为不知如何与人交谈而几乎失去这份工作。对话开启链本可以省去那顿午餐，并使他更快地与新老板建立稳固的联系。

纵向延伸

汤姆·曼根就对话开启链给出了有趣的看法。他认为，为了建立更深层次的联系，我们要将谈话朝着纵向发展引导。

"所以，使用对话开启链的好处之一是，它可以引导谈话双方朝着纵向推进，一个主题接一个主题，越来越深入地探讨下去。如果我问你的名字有什么来历或者问你的名字叫什么，很多人都喜欢这样说，好的，我知道你的名字，然后很快就换到另一个话题。更好的做法应该是，更多地挖掘一些话题。'告诉我你名字的来历。''为什么你的名字会这样拼写？''是你自己改的名字还是你父母给你起的名字？'然后，你们的话题可能全都围绕姓名展开。这样，单就名字你们就可以进行长达 20 分钟的对话。这就是我所说的纵向延伸。不要只是简单地跳到下一个话题，而是停留一段时间并深入挖掘同一个话题。

"然后，下一个话题也一样，那就是他们想象中的房子。'所以告诉我，你住在哪里？你喜欢它的什么地方？'或者是'是什么让你留在那里？'人们可以生活在世界上任何地方，是什么让他生活在那里的？这些都是令人们印象深刻的事情，这些事情能让我们记住别人。这些记忆使你能够更深入地与他人建立联系，而不只是浅尝辄止。"

换句话说，与其在尽可能少的问题中快速连续地从铭牌转到灯泡，不如花时间深入探索每个主题，然后再转到下一个场景。这样做所营造的共同点构成了联系的基础。"你还有一个 12 岁的女儿"或者"我们家也来自意大利"或者"我刚刚发现泡菜挺有趣"——当你找到这些共同的兴趣时，你会找到更多可以将双方联系起来的共同点。

如何记住对方的名字

你有没有遇到过这样的情况：你问了某人的名字，然后一分钟后就忘记了。往好了说，这会很尴尬；往坏了说，这会很失礼。我们已经想出了无数种方法来处理忘记名字的尴尬，从简单地称人们为"先生"、"女士"、"伙计"或"哥们儿"，到让对方说出自己的名字。但如果我们一开始就专注于记住他们的名字呢？

戴尔·卡耐基曾经深知，一个人的名字对这个人自己听来是"最甜蜜的声音"，于是他创造了一个里拉（LIRA）公式，来帮助我们记住名字。

1. 观察与倾听（Look and Listen）

尽你所能把注意力集中在说话人身上，并确保你非常清楚地理解对方名字的含义。要求对方拼写一下名字。

2. 加深印象（Impression）

在你的脑海中建立一个关于对方长相的印象，这包括外在特征、周围环境以及当时的情景。

3. 不断重复（Repetition）

在交谈中，尽可能多地重复对方的名字。在适当的时候使用对方的名字。当你和对方说再见时也使用它。然后，尽可能地在脑海中重复它。

4. 注重联想（Association）

将自然特征、地标名称、物品、建筑、公司等联系起来。使用颜色和类似的概念来帮助你记住名字。我们人类更善于用图形记住事物。

使用这个方法后，要记住名字就变得容易多了。在每一次互动时尽可能地使用对方的名字，经常锻炼，并养成习惯。

弗兰克·斯塔基分享了他如何通过记住对方名字来谈成生意的经历。

几年前，一家公司邀请我参加他们的一个领导团队座谈。他们想多了解一些戴尔·卡耐基培训课程。于是，有人说："嘿，我需要你加入，和他们聊一个小时左右，谈谈卡耐基培训做什么、我们如何帮助他们以及诸如此类的话题。"于是我去了他们的办公室，但我在门口等啊等啊，最后预约的时间都过了，我还在等。没办法，我就只能聊个 30 分钟的样子。我走进去，发现并不是满满一屋子人，而是大家围着会议桌就座，他们每个人面前都摆着笔记本电脑。他们简单地介绍了自己后，我们稍微聊了一点儿戴尔·卡耐基培训课程，又聊了一会儿他们的公司。这次的座谈会只有 11 个人参加。最后，我分别叫出每一个人的名字，向他们表示感谢。他们都惊呆了，压根儿没想到我会记得他们的名字！这事儿让他们印象深刻，也让他们觉得自己很重要。后来他们告诉我，这就是他们愿意跟我做生意的原因。

名字很重要！如果我们走进一个满是陌生人的房间，这些人都觉得我们记不住他们的名字，觉得我们很快就会忘掉他们，或者觉得我们不会知道每个人的名字，这就是我们能够一展身手的时候。

在朋友家举办的募捐会上，一位年轻的州参议院候选人遇到了布莱尔·米勒（Blair Miller）。几年后，他竞选美国参议院议员时，布莱尔又参加了募捐会。尽管这位政客每周都会遇到数百个陌生人，但是他还记得布莱尔的名字，并询问了他的三个孩子的情况（几年前的募捐会聊起来过）。他之所以记得，是因为他真心关注和关心这些人和事儿。那个年轻的候选人后来怎么样了呢？他最终连任两届美国总统。他的名字是巴拉克·奥巴马（Barack Obama）。

与其怀疑我们记不住名字，倒不如有意识地去记住我们遇到的每个人的名字。当我们询问对方名字，或者当对方告诉我们名字时，停下来用心记住。问一些问题。运用前面提及过的里拉（LIRA）公式，别急着探讨下一个问题。戴尔·卡耐基的第6条原则说："记住，每个人的名字在他自己听起来是任何语言中最甜美、最重要的声音。"如果我们想建立联系或结交新朋友，就直呼他们的名字。不要叫他们"哥们儿"，尤其是你在竞选公职的时候。

讲故事的艺术

我们在此分享的很多内容都是有关如何从他人那里获取信息，但说到底，对话是一种双向互动的体验。这种对话不是我们抛出一堆问题，或蹦出一两个词儿回应。想象一下，聊天时，聚光灯照射在说话人的身上的样子。我们绝对会对他们感兴趣的，也会聊很久。不过有时候，对方会把聚光灯转向我们，我们也需要聊聊自己。

在这种情况下，我们可能需要讲些故事，或者让对方参与到我们的想法中来。我们怎样才能做到这一点，而不显得是在"绑架"对话，使之变成只谈我们自己呢？

要讲一个真实的故事，我们需要记住 3E 法则：①你必须在对话中不断学习体验，才能获得聊自己的话题、讲自己的故事的权利（Earned the rights）；②你必须乐于（Excited）分享，没有恐惧或犹豫，并充满热情；③你必须渴望（Eager）分享，因为你想向听众传达价值。

一切都关乎做好自己。假设你知道了 3E 法则，那么我相信在你看来，自己已经足够有趣。

聚光灯照在你身上，那是因为对方对你感兴趣。但这还不足以让你说出你的故事。你的目标是将聚光灯也照在他们身上，试着与对话或问题建立联系。如果对方问你的爱好，你告诉她你多么喜欢跑马拉松，接着你可能会想起来她喜欢弹吉他。"我一周会跑上几天，你也经常练习吉他吗？"或者这么说："你还对什么运动感兴趣吗？""你喜欢在户外做什么？""我喜欢和他人一起跑步。你是在乐队里弹吉他吗？""我更喜欢在户外跑步，而不是在跑步机上。你在舞台上表演过吗？那感觉怎么样？"

有些人会通过不停地发问来控制聊天节奏，掌握对话的主动权。我们不要做那种人。我们既不要回避聚光灯，但也要让大家都享受这样的聚光灯，去聆听对方的声音。

内心访谈

接下来，我们要讲述另一种可以让人们建立更紧密联系的技巧——内心访谈（"innerview"）。这不是拼写错误。我们要说的不是"访谈"（interview）。经过验证，我们发现，聊天时，有意识地去了解他人内心世界而不仅关注表面，这样的内心访谈可以加深人们之间的联系（在第 3 章，我们也谈到了深入挖掘他人所拥有的东西）。对话开启链教会我们如何开始聊天，而内心访谈让我们懂得如何从价值观和信仰层面深入了解他人。

在内心访谈的过程中，我们以一种能够产生信息和联系的方式交谈。不像传统的访谈那样，内心访谈不是为了评估或评判某人，而是通过几个简单的问题了解共性、建立联系。

三类内心访谈问题

1. 事实问题

这些问题通常是对话性质的，均围绕着事实信息展开。这些问题的答案偶尔会在人事档案中找到。事实问题的例子有：

- 你在哪里长大？
- 你小时候参加过哪些活动？
- 跟我说说你的第一份工作。
- 你上学时的兴趣是什么？
- 跟我说说你的家人吧。
- 你的业余爱好是什么？

2. 因果问题

这些问题的目的是找到答案背后的动机或者原因，通常是"为什么"和"是什么"的问题。因果问题的例子有：

- 你为什么选择那所学校？
- 是什么原因让你去研究这个问题？
- 是什么让你找到了现在的工作？
- 你高中毕业后的发展方向是什么？
- 你是如何涉足这项爱好的？

3. 价值观问题

这些问题可以帮助你与一个人的价值系统建立联系，旨在帮助领导者倾听他人认为重要的东西。人们很少这样问，但这些问题却能帮助人们更深入地了解对方的内心想法。基于价值观的问题如下：

● 说一个对你的生活产生重大影响的人。

● 如果你必须把一件事儿重新做一遍，那么你会采取什么不同的做法？

● 如果你的生活中有一个重大转折点，那会是什么？

● 在你的人生中有很多高潮和低谷，哪个对你有着重大影响？

● 如果一个年轻人征求你的意见，你会给他（她）什么忠告？

● 你如何用一两句话来概括你的人生哲学？

正如汤姆·曼根以前谈到的朝着"纵向"推进的办法，内心访谈既不能立刻解决问题，也不会一劳永逸地解决所有问题。我们的目的是去了解他人、找到共性，并把他们当作一个独立的个体来认识，而不仅仅是了解他们的职位、角色或职责。正如我们所说，联系的目的是构建各种关系。内心访谈能帮助我们构建双向联系。

联系能带给我们惊喜

丽贝卡·科利尔分享了一个故事，这个故事说明，你永远不知道与他人的联系会发展成什么样。

约翰是加利福尼亚州一家会计公司的业务发展总监，他有一份目标联系人名单。其中一位联系人是一家大型医疗系统的首席执行官。在戴尔·卡耐基第一期培训课上，约翰和我讲了讲在社交场合里，内心访谈到底是怎么回事儿。约翰参加了一个活动，希望能见到这位首席执行官。他的周围挤满了人。因此，约翰开始和一位站在人群边上的女士聊天，他开始练习这种对话技巧，整个聊天过程都非常愉快。他说，她很迷人，他知道了关于她很多的事儿。就在快聊完时，你瞧，是谁朝他们走过来？正是这位首席执行官！女士转向他说，约翰，我想让你见见我的丈夫。她对丈夫说："你得和这位男士聊聊。"

联系有时就是这样发生的。我们需要对人们敞开心扉，即使这不一定是我们"战略"的一部分。你永远不知道谁能帮你，与他人建立联系可以实现这一点。像领英这样的平台，就可以帮助我们知道自己和聊天对象之间是否存在一定的联系。在公共汽车、地铁或飞机上，我们也可以像这样敞开心扉交谈。奥布里分享了她和丈夫罗德尼的几个朋友第一次共进晚餐的故事。他们关系很好，经常一起聚会。当她问"你和我丈夫是怎么认识的"，并听到答案是"在地铁上"时，奥布里差点儿把饮料喷出来。同样，罗德尼也与一位广告界传奇人物和一位著名摇滚明星的父亲建立了友谊，而他们是在他遛狗时认识的。

20多年前，在回家的航班里，布莱尔·米勒和他旁边的一位女士聊了起来。她是一个音乐家，准备去他的家乡参加演出。他们聊得很愉快，她还给了布莱尔一张票，并邀请他在演出后带他的妻子一起到后台来（当然聊天时，布莱尔一直提到他的妻子）。原来这位女士就是后来大名鼎鼎的音乐家戴安娜·克莱尔（Diana Krall）。毋庸置疑，这次演出也很棒。

我们一次又一次地发现，对他人敞开心扉，心生好奇，往往可以建立真正的联系。你会发现，约翰并没有环顾四周，刻意寻找能帮他和首席执行官搭线的人。他只是和一个站在一旁的人去聊天。他本可以等待机会，挤进去找首席执行官说话，但他却抓住了一个意外的机会，建立了联系。这一切都大为不同了。

祖母的建议

格蕾丝·达格雷斯分享了更多和他人建立联系的故事。她只是想认识他们，而不因为他们能做什么。

太多时候，我们不一定会花时间去了解人们是什么样的人。我们并不了解他们的特点、性格和发生在他们身上那些不可思议的故事。相反，我们只关注他们的头衔或职位，例如"你当副总裁多久了"。但我的祖母告诉我，即使是希腊国王，他也像其他人一样穿裤子。她的意思是，无论你是什么身份，首席执行官也罢，清洁工人也罢，我们在电梯里遇到的人也罢，或者是会议室遇到的人也罢，我们都应该用同样的方式对待他们，因为我们都是人。

人们总觉得那些名人或大人物肯定与众不同。他们可能很有名气或显得很"重要"，但他们也只不过是个人罢了。当时，戴夫·亨特利（Dave Huntley）和摄像师正在等一家大公司的首席执行官，准备录制人物专访。等待的时候，摄像师就在片场的台球桌上打起台球。当首席执行官走进来时，大家都不动了，而戴夫却问："嘿，汤姆，你想打几杆吗？"首席执行官停下脚步想了想，说："我是挺想来几把，但大家已经等我挺久了。还是先开始采访吧。"打台球的提议是建立联系的一个好方法，这位首席执行官借机表达他对在场的人耐心等待的感谢，并承认他们的时间也很宝贵。这让其他人感到很舒服，从而使后面的访谈顺利录制。

当我们对结交新朋友感到焦虑时，记住以上这些案例会有很大帮助。我们每个人可能有不同的成长背景、不同的信仰、不同的政治立场、不同的头衔——不同的方方面面。但就算如此，每个人都或多或少跟你有些共性。我们要做的不过是找到这些共性。这便是联系的基础。

沟通风格差异

麦迪逊既兴奋又紧张。她怀孕三个月了，是时候告诉她的老板了，这样他们就能为后面的产假做准备。她需要找她的直属上司和人力资源部负责人签字。他们每个人的沟通方式都不太一样，正确处理这一点很重要。

首先，她去找她的老板比尔。比尔是一个非常直接的沟通者，他非常善于分析和指挥。如果她进去告诉他，她和丈夫多年来一直尝试怀孕未果，都准备接受体外受精治疗了，才好不容易怀上，他也许就不想再听下去了。这不是因为她的老板是个不喜欢她的混蛋，他只是不喜欢这样的沟通方式。

"嗨，比尔。你有空吗？"

"当然可以，麦迪逊，进来吧。我能为您做些什么？"

"好吧，我有一些好消息。我怀孕了！"

"这真是个好消息！"比尔笑着对着自己办公桌上的全家福照片点点头说。"我和琼有三个儿子。那是你要我签的产假表格吗？你什么时候开始休假？"

麦迪逊把表格递给了他，说："七月一日。"

比尔草草签下自己的名字，然后把表格交了回去。"给你。再次恭喜你，麦迪逊，你会成为一位很棒的妈妈。"

麦迪逊关上他办公室的门，脸上露出了微笑。真是太棒了！但她知道，要去人力资源部找谢丽尔的话，就要换一种方式了。谢丽尔是一位不那么直接的沟通者，非常友好感性。如果她直接说自己怀孕了，谢丽尔应该会感觉不舒服。看来得花点儿时间才能让她签字。

"嘿，谢丽尔，我可以进来吗？"

"当然可以，麦迪逊。快坐！最近怎么样？三个月前，那次公司野餐你食物中毒后，我好像再就没怎么见过你了。"谢丽尔笑着挥手让麦迪逊坐到沙发上，她自己也坐过来。

"是啊，那次……也不是食物中毒啦。是我怀孕啦。"

"姑娘，太好了！我知道你们一直在努力怀孕。告诉父母了吗？"

20分钟后，麦迪逊带着她需要的两个签名离开了办公室。通过了解沟通风格的差异，并适当调整沟通方式，她加深了与比尔和谢丽尔的联系。

沟通风格

很多有关沟通风格的研究都将人们分为四种类型。

友好型

态度随和、和蔼可亲、注重关系、乐于助人、热情大方、心地善良、喜欢积极的反馈。

分析型

处事正统、条理清晰、逻辑思维、数据导向、寻求答案、注意细节、提供方案、喜欢证据。

表现型

情感丰富、善于表达、多用手势、描绘宏图、喜欢听自己能得到什么。

命令型

执行高效、目标明确、观点清晰、态度明确、决策果断、喜欢做选择。

调整我们的沟通风格

对我们来说，重要的是适应我们的交谈对象，让他们感到轻松。以下是一些做法的建议。

- 根据对方的沟通方式建立融洽的关系。

- 花点儿时间找到让对方舒服的方式。
- 使用适合他人风格的对话节奏和恰当的语言。
- 根据对方的风格把握谈话时间。
- 对于团体，采取友好的风格。

有时候黄金法则——想他人怎么对待你就怎么对待他人——起不到什么作用。那么你就要想起来白金法则——以他人希望的方式对待他人。否则，你可能就在做着对你来说正确，但对他们来说却是错的事儿。这样的沟通就是无效沟通。

正面反馈的六个层次

建立和培养人际关系的另一个要素是赞美和反馈。赞美与反馈既可以促进我们之间的联系，也可以削弱这种联系。

想象一下，你的老板或爱人来到你面前，对你说："我要给你一些反馈。"对此，你做何感想？大多数时候，我们深呼吸，做最坏的打算。然而，不应该只有我们做了错事，才会得到反馈。把事情做好，也应该得到正面的反馈，让我们知道，我们做的事儿是正确的，这样我们就会明白，我们应该继续坚持做下去。事实上，专家及相关研究告诉我们，如果我们想改变对方的行为，那么给予对方赞美与批评的比例应该至少为 5 : 1。如果面对持续不断的负面批评，人们就会变得士气低落，无精打采。

　　李主持了一个复杂的在线培训项目，该项目涉及两个技术平台、一位联合培训师和一位制片人。该项目的参与者身在世界的另一端，所以，李为此要工作到深夜很晚。联合培训师希望，李能够像培训师帕特那样进行在线培训。经验丰富的李用不同的类比、演示和故事来讲解培训内容，但这不是这位联合培训师想要的培训方式。每次培训，李讲解的方式若稍有不同——即使他不知道培训师帕特是怎么讲解的——李也会受到批评。"这不是我想要的培训方式。""你在做什么？""真是一团糟。"

　　李注意到，与其说他对培训课程和他们对该课程的贡献感到兴奋，不如说他感到谨慎、害羞，不愿意用"合适"的方式提问，更不愿意提出好的建议，并努力让课程变得更好。李感觉到，他们好像身处一个不利的环境，这迫使他们改变了行为。

　　每当员工们感受到批评，他们就开始掩饰错误，并隐藏需要解决的问题。这样工作是不会有效率的！我们想让员工们参与到工作反馈中，想帮助他们建立自信，想对他们的工作给予正面的反馈。当给予员工们的表扬与批评之间的比例至少为5：1时，我们就能达到我们的目的。

　　表达正面反馈时：

- 要真诚，以便不去操控他人。
- 要具体，以便提供帮助。
- 要简洁，以便清晰明了。

● 要安静，以便反馈后让人能够接受。

正面反馈分为六个层次，我们有时候称为赞美。赞美是一种"对钦佩之情的礼貌表达"。正面的反馈能让人们知道他们正在做正确的事情——这也是我们想让他们继续做的事情。只要你的追随者认为你对他们的赞美和反馈既真诚又具体，那么，你的这些赞美和反馈就有助于他们成长与发展。

这六个层次的反馈涉及从对具体事务的反馈到对私人事务的反馈。

1. 环境层次。环境包括你的车、服装、家庭住所或办公室等。例如："我喜欢墙上的新艺术品。"

2. 行为层次。你的行为告诉你，事物都是可观察到的。例如："当珍妮特告诉你有关项目的问题时，你没有打断她。"

3. 能力层次。例如："你的修图技术很棒。"

4. 信念层次。信念是一个人更多内在的品质。例如："你的态度积极乐观。"

5. 身份层次。对一个人来说，身份是至关重要的。例如："你是工程团队的一位重要成员。"

6. 精神层次。这是赞美的最高层次，因为该层次的赞美是最全面的。例如："你真正理解了客户服务的概念。"

当你给出反馈时，请努力把你的反馈带到更高的层次，因为相比低层次的反馈而言，高层次的反馈更具有影响力。你更愿意因为衬衫的颜色而受到赞美，还是喜欢对方确认你在实现愿景方面所取得的成就？接受的反馈的层次越高，人们就会越觉得被理解和认可，这种感觉更多地来自身份认同，而非显而易见的环境因素。

下面是关于不同反馈层次应用的例子。

与其说"你的课件非常全面"（环境层次），不如说"我很欣赏你向其他团队成员提问并让他们参与到项目中来的方式"（行为层次）。

或者说，将"你确实很擅长组织活动"（能力层次）变成"你是一个很有条理的人"（身份层次），或者变成"你帮助我们所有人变得更有条理（精神层次）"。

当你注意到有东西能够证实反馈时，反馈就会变得更加有效。

试比较：

"你是一个很有责任心的人。"

与

"我欣赏的是，你准时参加了我们的会议，尽管你当时正处理那个客户的问题。"（行为层次）"你是一个很有责任心的

人。"（身份层次）

试比较：

"你很善于倾听。"

与

"你很善于倾听。"（能力层次）"能有你这样的人才加入我们公司是我们的荣幸。"（身份层次）

一个人的身份需要被事实证实。某人相信你认为他是一个有责任心的人，因为你举了一个他很负责任的例子。

回想一下你被恭维的场景，如"你真是个了不起的人"。回想一下你的感受。

与这种恭维相对的是"有迹可循的赞美"，例如："哇！你还记得我的工作纪念日。你真是一个体贴的人。"

优势语言

使用优势语言，采用多样表达，可以提升诚信，增添信誉，并让我们更容易实现高层次的反馈。例如，以下是我们可以在他人身上观察到的 44 种不同的优势（见表 5.1）。

表 5.1　一些优势语言

果断	自发	直接
细致	进步	感知
多才	深邃	合作
公正	明智	开拓
守秩序	老练	想象
谦虚	系统	豁达
强势	协作	自然
活力	智慧	坚定
眼光	支持	进取
雄辩	见地	沉着
创新	平衡	共情
殷切	好问	坦诚
警惕	接受	仁慈
负责	激励	引领
真诚	适应	

当心空洞的赞美

还记得我们之前谈到的放任型老板吗？他让员工们做他们自己想做的事儿，并给出毫无实质意义的赞美。在没有任何实质性反馈的时候，我们不应该对员工说"你是最棒的"，因为这样没有任何意义，也不会使我们想要继续鼓励的行为得到强化。那怎么做才算最好呢？什么才是他们应该继续做的呢？我们要做到让自己的正面反馈尽可能具体、有效和可信。

另一个反面典型是，对一个对你没有真正帮助的员工说他很棒。我们应该说出我们对人们的真实感受，如果我们给予虚假的赞美，那就会导致关系不和谐。"我的绩效评估很糟糕，但她告诉我做得很好。"

当我们找不到任何值得称赞的东西时，我们需要深入挖掘。即使是预期的行为也能得到真正的认可。"你每天早上都能在这里准备接听电话，我很感激。""令我欣慰的是，你每天都努力学习我们复杂的产品线，这样，你就能更好地代表公司的形象。"

如何给予不含赞美的反馈

我们并非只应该给出正面反馈。给出具有建设性意义的反馈是一门艺术，也是反馈闭环的重要组成部分。正如戴尔·卡耐基所说，最好是间接地指出他人的错误（第 23 条原则），在批评对方之前，先讨论自己的错误（第 24 条原则）。这里有一些具体的反馈指导，能帮你把给予反馈当作建立联系的一种策略，因为当我们学会给出有效的、基于行为的反馈时，我们就更有可能与对方建立更加相互信任的关系，同时提升我们的领导力，磨炼我们的沟通技能。

基于行为的反馈

1. 始于赞美和举证。"我很感激你专门抽时间来指导你的团队。"

2. 说明改变的原因——为什么这种反馈对他们很重要？"你想更有效地指导他人吗？这可以改善团队成员之间的关系和参与度，还可以帮助每个人取得更大的成功，也对身为领导者的你有很大的影响。"

3. 针对具体行为，专注于可以改变的事情。"你太高了。"——这没有用。确定可以改进的具体行为。"当你在指导他人的时候，如果你自视甚高，那么他们会感到不自在。"

4. 言简意赅（注意不要让对方感到不知所措）。不要讲参与教练培训的故事，不要讲你读过的关于这些故事的研究，也不要列举出 37 个你认为正确或错误的例子。

5.鼓舞人心。提供容易实现的建议。"如果你和他们面对面坐着，他们会感觉更舒服。"

通过使用这个简要的五步流程，我们能够给予他人关于改进工作的反馈。虽然收到这种反馈可能有时会令人感到不舒服（尽管其他人渴望得到这种反馈），但是它体现了一种建立在联系的基础上的坦诚与尊重。

如何接受反馈

如果我们要给他人反馈，那么我们也应该邀请并欢迎他人给出反馈。尽管我们希望他们能够给予令我们如愿以偿的反馈，但是事实常常并非如此。这并不能否定他们反馈的价值。以下是一些接受反馈的指导原则。

● 假设我们在评估自己的能力时不客观。这意味着我们需要帮助。有多种360度评估工具可供选择，可以帮助你深入了解与你一起工作的人的看法。

● 做好接受反馈的准备。把自我放在一边是很困难的，但许多人都能从学习适应性技巧中受益，这些技巧能帮助他们积极地处理和接受反馈。

● 感激反馈意图。有些反馈能反映出人们行为的盲点区，接受了这种反馈，虽然让人感到不舒服，但是要记住，提供建设性的反馈也很不容易。很有可能，那些提供反馈的人只是在试图帮助你。

● 打破常规。当我们变得墨守成规，陷入与他人交往的套路，例如回应议题、召开会议或者培训员工时，我们就会对周围的一切视而不见。

● 说做就做。行动起来，让自己的行动变得更有效，这并没什么不好。简单的学习行为也能帮助你养成更敏锐的自我洞察力。行动起来，你就会双重受益：你可以通过了解员工，通过努力提升他们关键行为的表现来激励他们。

● 说声"谢谢"。反馈是一份需要勇气的馈赠。人们在用他们的时间和精力——也包括风险——向你提供反馈。即使这种反馈令你刺痛，你也要感谢对方提供的反馈。不要只是喃喃自语"谢谢"。相反，看着他们的眼睛，让他们知道这个反馈对你多么有帮助。对这份馈赠要心存感激。

我们永远不可能完全消除我们的盲视；盲视是人性的一部分。但是，通过坦诚的自我反省和不懈的努力，我们可以稳步地自我引导，努力成为我们期望的卓越领导。你可以向其他人寻求反馈，以便显示对他人的尊重，表明你重视他们的意见，并继续建立联系。

我们要利用自我意识，采用所谓的"学习者的心态"，要用开放的态度，带着好奇心，去接受犯错和失误。即使我们努力达到了无可挑剔的高标准，我们也必须把自我留在门外。

在本章中，我们探讨了如何建立人际关系，如何围绕他人调整沟通方式，以及如何给予和接受赞美与反馈。

要点速览 ————————————

- 人际关系需要经营！我们必须投入时间和精力来维持我们之间的联系。

- 没有人教我们如何进行对话。对话的话题可以提供帮助。

- 横向对话链接意味着停留在一个主题上并深入讨论。

- 有助于记忆名字的里拉（LIRA）公式：观察与倾听（Look and Listen），加深印象（Impression），不断重复（Repetition），注重联想（Association）。

- 讲故事时，记住 3E，即三个"赢"字。你必须赢得（Earn）权利、赢得兴奋（Excited）以及赢得渴望（Eager）。

- 进行内心访谈时，有三种类型的问题：事实问题、因果问题和基于价值观的问题。

- 有四种不同的沟通风格（友好型、分析型、表现型、命令型），重要的是我们要适应对方的沟通风格。

● 有六个层次的反馈：

1. 环境层次

2. 行为层次

3. 能力层次

4. 信念层次

5. 身份层次

6. 精神层次

● 同时给予正面和负面反馈，每 6 个反馈里要有 5 个正面反馈和 1 个负面反馈。

● 在表达正面反馈时

——要真诚，以便不去操控他人

——要具体，以便提供帮助

——要简洁，以便清晰明了

——要安静，以便反馈后让人能够接受

● 当表达负面反馈时

——始于赞美和举证

——说明改变的原因

——针对具体行为，专注于可以改变的事情

——言简意赅

——鼓舞人心

● 收到反馈时

——说一声"谢谢"

> "每个人都认识一些人，这些人也认识另外一些认识他们的人。"
>
> ——杰夫·夏默（Jeff Shimer）

第6章
建立和重建信任

厄尼向后仰着头，以便引起服务员的注意，脖子都有些僵了。他要求服务员给他倒一杯水，但是说了三次，始终没有人倒给他。

"饿死我了。快让我多少吃点儿啊。"厄尼的妹妹边看手表边说，"我得回去了，保姆马上要下班了。"

今天恰逢父母的结婚纪念日，厄尼和妹妹决定来到这家意大利餐馆，父亲当年就是在这里向母亲求婚的。长这么大，家里重要的庆祝活动也都是在这里举行的，所以厄尼和餐馆老板有些私交。然而，自新冠疫情以来，餐馆提供的菜品和服务均已不如从前。厄尼和妹妹上次来这里，用了3个小时才吃了一顿饭。

当时，许多餐馆生意冷清，都在苦苦挣扎，所以厄尼为此表示同情。然而，菜量减少、服务降级、菜品涨价最终使厄尼失去了对这家全家最爱的意大利餐馆的信任。

在戴尔·卡耐基的白皮书《信任关乎存亡：信任关系驱

动长期的客户忠诚度的理由》(*Trust is Dead. Long Live Trust! Why Long-Term Customer Loyalty is Still Driven by Trusted Relationships*)中,我们分享了我们进行的一项大型研究的结果,该研究旨在探讨信任和忠诚之间的关系。我们考察了导致信任关系的因素以及由此产生的次生因素。在这项研究中,我们考察的是一种经济关系(销售人员和买家),但信任问题显然在任何类型的关系中都很重要。你不可能和一个你可以信任但不信任你的人建立有意义的联系。当然,你更不可能和你不信任的人之间建立有意义的联系。

什么是信任

当你问人们"什么是信任"时,大多数人会说:"当你内心有了信任感后,你就知道信任意味着什么了。"一项研究表明,信任的定义包括两个部分:①自己的信誉;②为他人着想。

信任是建立和维持联系的重要因素。如果一个人点外卖时总是遭遇订单出错、客户服务态度差的问题,他就会对相应的餐馆失去信任。相反,如果外卖订单偶尔出错,但客服能够及时跟进解决问题,这样的餐馆就有信誉,因为它是替顾客考虑的。

联系越重要,信任就越重要。对点餐时出现的错误,我们尚可忍受一点儿。对银行业务方面的问题,我们却不能接受太多。如果银行对我们的银行账户处理不当就危险了。试想一下银行倘若如此，我们会怎么样？我们会寻找下一家银行。

积极关系的建立需要一定程度的信任。随着这种积极关系的发展，信任有了被加强的机会。积极关系和信任相互依赖。没有凭空产生的信任。我们说："信任是相互的。一旦他们赢得了信任，我就会信任他们。"事实上，如果我们的联系从信任对方开始，那将加速强化双方联系的循环。这意味着，如果我们选择信任对方，人际关系中的信任就会逐步得以培养。

除此之外，双方需要承诺并愿意做出短期牺牲，以便维持相互的关系。对积极关系的投资和对其稳定性抱有的信心能够促进积极关系的进一步发展。反之，随着时间的推移而变得越来越值得信赖、越来越有价值的积极关系会促成个人的承诺。由此，人们会对自己信任的人更加忠诚，不愿意冒险去跟自己不了解的人建立关系。

信任 + 关系 = 忠诚

劳拉·诺尔茨分享了自己的一段经历，在那段经历中，她收获了强烈的信任感。

我以前的领导是一个好领导，我和他之间建立了深深的联系。我们非常信任彼此，以致只要他说"劳拉，我们需要做事情 X、事情 Y、事情 Z"，我就会去做。我为什么要这么做呢？因为我知道他是为我着想的。他从未要求我去做一些为他谋私利的事情。这并非意味着他不会从中得到任何好处。但是，我们知道自己也会从中获益。

请记住，信任关乎信誉以及对他人的关心，这点在劳拉的经历中有所体现。劳拉明白，领导考虑最多的是她的利益。

我们在本书中多次提到，从建立联系的初衷来看，有意义的联系一开始就应该奔着建立长期关系，而不是交易关系而去。当然，一段交易关系如果能够持续发展，也可能会产生真正的联系。

如何建立信任

我们应该如何努力建立信任、树立信誉、赢得尊重呢？对于建立联系而言，信任、信誉、尊重至关重要。图 6.1 阐释了他人对我们进行评价的标准。无论我们是否接受这些标准，他人就是依据这样的标准对我们进行评价的。根据该标准，我们会被判断是否值得信任，是否有信誉，是否值得尊重。

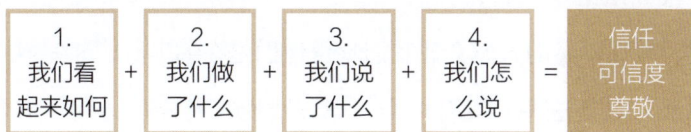

1. 我们看起来如何	+	2. 我们做了什么	+	3. 我们说了什么	+	4. 我们怎么说	=	信任 可信度 尊敬

图 6.1 如何建立信任

上述四个方面是判断一个人留给他人印象好坏的综合标准。它们均与联系相关，均会影响人的归属感的高低。

1. 我们看起来如何：如果一位脑外科医生满身文身，像极了一位摩托车手，那么你会立刻对他产生信任吗？如果有人开着劳斯莱斯在你家门口为贫困儿童募捐，你会捐款吗？

2. 我们做了什么：如果有人嘴上说着诚实多么重要，但在汇报项目进程时却误导同事，这会引起信任危机吗？

3. 我们说了什么：如果有人在会议上嘲弄我们，开不合时宜的玩笑，我们对他还能有多少信任？如果有人告诉你，他们没有给替他们干活儿的人付报酬，你会信任这样的人吗？

4. 我们怎么说：如果我们眼睛看着另外的人，对面前的人自顾自地说着寒暄的话语，会怎么样？如果有人告诉我们一切安好，但他们却看起来疲惫、紧张、焦虑，好像好多天没有睡觉了，我们会相信他们吗？

如果上述四个标准与实际不切合，我们就无法与他人建立联系。在哈雷摩托车友会上，有文身的骑手的出现并不奇怪，但穿着外科手术服的医生的出现就显得不伦不类。为了尽快完结某个项目，我们会增加项目费用。看起来疲惫、紧张、睡眠不足的人们会让我们觉得他们是在竭尽所能地完成该项目。对于这些，没有标准答案，我们唯有保持自我、切合实际。

杰恩·林翰分享了自己的一段经历，谈了别人对她自己和她的工作给予信任的重要性，以及她的言行是如何带来巨大转变的。

我所做的是在企业或公司的培训室里对 12~20 人进行培训。虽然这些人已经事先知晓要来参加培训，但是他们并不一定是心甘情愿来参加培训的。有时候，他们比较抵触这样的培训。因此，我的分内之事就是在极短时间内和他们建立联系，安抚他们的情绪，赢得他们的信任，从而使他们全程配合接下来的培训。最为重要的是，我不浪费他们的时间。我会开诚布公地说："真诚感谢你们挤出宝贵的时间来参加培训。我会让你们有所收获的。"

我认为刚开始工作时，我并没有完全明白这些，也没有和参训人员之间建立充分的联系。在我看来，课程有没有价值，我会不会给培训人员带来价值，会不会叫他们感到轻松，这些都不关我的事儿。为此，一天的培训结束后，有些参训人员就感觉自己像被绑在培训室里的人质一样，倍感煎熬。

当我和他们在一个房间里待了一个小时的时候，我知道了每个人的名字。我的目标也是了解他们的工作——他们的职位、头衔和具体干的工作。

一旦对此有了解，我就可以分享与他们相关的例子，就可以问一些与他们相关的问题。此种情况下，他们就会感到和我之间更为紧密的联系，就会认为我在竭力帮助他们。作为一名戴尔·卡耐基培训师，我切切实实遵照前9条原则来建立与每一位参训人员之间的信任。对于新入职的培训师，我首先会告诉他们："不要担心培训内容。如果你们无法和参训人员之间建立联系，你们就成为不了培训师，也不能走进他们的心门和他们的思想。在你提供培训时，这些尤为真切。因此，你们要能够喜欢每一位参训人员，对他们笑脸相迎，并了解一些和他们相关的信息。这样，你们和他们之间的联系就会变得更加牢靠。"

大卫·卡巴科夫并不否认培训内容的重要性，但是在他看来，他说："关键是培训内容是如何改变你的。建立关系的要诀是把对方放在第一位。如果你不这样做，就没有机会和对方建立信任。在一次培训过程中，我们发现了两位迥异的参训人员，其中一位是黑人青年，另一位是白人老者。他们之间似乎没有什么联系。然而，我们使用了联系的技巧，帮助他们对彼此有所了解。毕竟，对对方有所了解的话，就可能和对方建立信任。"

我们后来发现，那位黑人青年和白人老者都是在婴儿时被遗弃了。他们的共同命运促成了他们之间的交谈，而交谈建立了他们彼此之间深深的联系。一切都是因为基于信任的安全环境，在这样的环境中，他们彼此坦诚相待。

"创造信任的环境是建立联系的先导。"

——大卫·卡巴科夫

建立信任的 20 条原则

（1）心系他人利益，建立融洽关系。咨询他人问题，了解他人动机，创造成长型、学习型环境。

（2）真诚倾听——用耳、用眼、用心——不带偏见、不做评判。

（3）尊重意见分歧、尊重个人偏好、尊重各类差异，从中择优。

（4）只问不说。与他人协作，共同决策。开放包容，欣然接受新观点，提供建设性反馈。

（5）主动协商，愿意妥协，调停意见不同的人之间的矛盾。

（6）三思而后行。考虑对方和自己与对方的关系，以及眼下的情形。

（7）从"我们"的角度思考和说话。使用包容性语言，合理表达情绪。老练、机智、体贴地解决问题。

（8）及时处理问题。说话要自信、果断、有权威；观点陈述要有理有据。借助直觉并基于事实做出合理决策。

（9）为人诚实正直。坚定信仰，秉持核心价值观念不动摇。

（10）保持谦逊。与团队成员"并肩作战"，让他们看到你的作为。成为专家，为人谦虚，乐意接受其他专家的意见。

（11）坚持高标准的职业道德规范。诚实可靠、保守秘密、履行责任、信守承诺。

（12）富有耐心、为人可靠，行为举止一贯、理性、公平。面对挫折，迅速反应、强势回击。

（13）成为优秀典范——表现专业、言出必行、心存善意。允许他人有怀疑，原谅他人的无心之过，在适当的时候帮助他人脱困。

（14）展示对他人的尊重、信任和信心。知人善任、下放权力、不要干涉。鼓励冒险、提供支持。

（15）真实可靠——言行一致。坦率表达自己的想法和感受，在必要时提供建设性的反馈。

（16）慷慨大方、谦恭有礼、平易近人，成为有用之人。以同理心待人，尊重人的尊严。

（17）务实地交流愿景、目标、成果。为他人提供成长以及接受培训和指导的机会。

（18）通情达理。勇于担当责任，承认自己的错误、失败和缺点。

（19）做正人君子。不说三道四，不散布谣言，不在背后议论他人。

（20）支持他人。关注他人的优点，给予他人鼓励，建立他人的信心。对他人的成绩表示赏识、给予认可、提出表扬。

我们是否过于轻信他人

几乎每个人都曾经错信过他人，或曾经失去对他们深爱的人的信任。同样，我们也都曾经遇到过一些生性多疑的人。在他们看来，周围的一切充满了尔虞我诈。

关键是平衡。图 6.2 显示了"最佳信任点"。请在阅读的同时进行自我评估。对照表 6.1 中的相关内容，找出自己目前所属的信任等级，并且依照需求进行刻意的微调。

健康的信任

过度的信任　　健康的信任　　过度不信任

图 6.2　最佳信任点

表6.1　对他人的信任等级

过度的信任	健康的信任	过度不信任
不计后果地盲目信任任何人	基于直觉和信息而信任他人	不信任任何人，包括自己
可能天真且轻率	眼光敏锐且小心谨慎	可能多疑且偏执
往往容易上当从而做出不妥的决定	往往有责任心，善于判断并做出良好而自信的决定	往往因局促不安、提防心重、优柔寡断而束手无策
通常持消极被动的"许可"态度	持断定式的"也许""可能"态度	通常持咄咄逼人的"否定"态度

信任评估

当我们相信自己，相信他人或其他对象时，我们会对这个人或物体的特征、能力、力量或真实情况有一种负责的信赖。信任不足或过度都可能会带来风险。当我们能够平衡事实和直觉，进行合理的判断，做出合适的决定时，我们才能实现适度的信任。

格蕾丝·达格雷斯分享了一个故事，讲的是如何使一位即将深陷"不信任"等级的人生活好转的事情。

你必须快速建立信任。你需要向人们展示你欣赏他们，需要认真倾听并理解他们，让他们真真切切地体会到自己的重要性。2019年年初，我接到了一个朋友的电话。他对我说："我的女儿大学毕业了。因为找不到工作，过去的一年，她非常沮丧。整日待在房间，非常悲伤。我觉得需要做些什么来帮助她，因为她很优秀，只是其他人并不了解这点。"他让我给她女儿讲讲戴尔·卡耐基"有效沟通"和"人际关系"的课程。他相信这对于她女儿会有很大影响，于是我便答应了。我给他女儿打了一个网络电话，她说："我觉得你帮不了我，因为我不擅长表达。我非常内向，我也不是有主见的人。其实，我不懂怎样才能坦率、自信地表达，我很害怕。"

我明白我需要获得她的信任，于是我说道："我相信你，我记得我像你这么大的时候，也很害怕在求职的时候推销自己。我保证会为你创造一个安全舒适的环境，让你尝试并逐渐扭转不安的情绪。"她说："好的，我会尝试一下。"然后，你知道吗，她每周都来。前几周，她每次在小组中当众讲话时，都会捏着自己的裙边或裤边。

有一天，在一次会面活动上，她主动提出第一个进行展示！我问她："是不是发生了些什么事情？"原来她去参加了一个面试！她参加面试的时候活学活用了建立信任、创建关系的原则。

她当场得到了这份工作。我问她："你觉得是什么起作用了？"她说："格蕾丝，我真正做到了站在他人角度考虑问题。因为我想，面试官想要的是什么呢？他们想要的是通过聘用合适的人得到公司的肯定。所以我向他们提供了所有原因，说明为什么聘用我会让他们实现愿望。"

这是一个应用戴尔·卡耐基第 17 条原则的完美案例。"要真诚地从对方的视角看问题。"格蕾丝的学生不仅可以明白这一点，她也能调整自己的言辞和行为来获得工作机会。

不信任的警示信号

我们怎么知道和我们交往的人什么时候开始不信任我们呢？以下是 6 个不信任的警示信号。

（1）情绪低落，缺乏动力，缺乏主动性。

（2）高缺席率、迟到率、流失率。

（3）交流存在戒备或忙于制造流言。

（4）潜在的恐惧或担忧。

（5）怀疑或者可疑的行为。

（6）戒备性或攻击性的行为或交流。

信任在何种程度上会带来问题可能由一系列现象决定。表 6.2 是一些例子：

表 6.2　信任问题程度及表现

偶然出现的信任问题	严重的持续的信任问题
● 敷衍了事 ● 躲避挑战 ● 无所事事 ● 缺乏投入	● 表现出负面态度 ● 仅关注问题和障碍 ● 抵抗变化 ● 损害、侵占他人成就

信任问题从何而来

在格蕾丝的例子中，她是通过女孩儿的父亲认识这个女孩儿的。我们一般不以这样的方式认识他人。有时候，我们会遇到一些这样的人：我们对他们或者他们对我们有着自然的不信任。这种不信任可能在还没任何接触之前就存在。那么，这种不信任从何而来呢？如果不信任不是由我们自身造成的，那么我们要如何重建信任呢？

答案又回到了框架和过滤器的概念上。我们都有一些生活经历，这些生活经历影响着我们将情景置于某个框架内的方式。这可能会导致不信任因素的产生。比如，如果一个人在学校有过糟糕的经历，遇到过严厉苛刻的老师，接受的教育质量也比较差，甚至可能有辍学经历，那么他们很可能会对整个教育体系，特别是老师产生自然的不信任感。想象一下当这个人遇到了事情，并且与他们交谈的是一位校长或老师，甚至还没等对方开口打招呼，这种先入为主的不信任因素就可能会体现出来。

我们可以做些什么来重建信任？换一个过滤器。正如我们一直在本书中推荐的一样，具体的做法是站在他人的角度考虑问题。如果你是在学校经历过艰难时光的人，并且正与老师交流，那么请将自己的经历放在次要位置，去问他人一些有意思的问题。"你为什么从事教育行业？""是什么每天激励着你走入教室？"如果你是一个老师，正与一个不信任教育工作者的人交谈，请询问一些可以带来更深层联系的、有意义的问题。"关于你的教育，你最喜欢的部分是什么？""你有没有遇到过很信任你的老师？""对你来说，教育体系的哪部分没有太大帮助？"我们估计这两组问题都会创造一些共同点，这些共同点可以成为联系甚至信任的基础。

重建信任

如果不信任来自已经建立的关系，那么我们该怎么办？如果信任破碎，那么该如何应对？失去的信任能否重建？答案是肯定的，如果双方都能开诚布公的话。图 6.3 可以说明重建信任的过程。

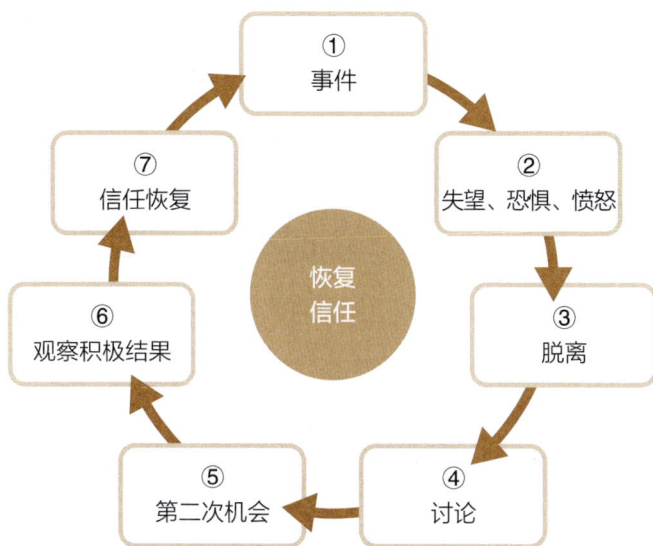

图 6.3　重建信任的过程

在图 6.3 中，①表示使信任破碎的事件，可能是违背承诺，也可能是无意获悉或者道听途说的消息。该事件会导致多种形式的情感反应。我们会与破坏信任的人或组织产生疏离。要重新建立联系，承认并与破坏信任的一方讨论所发生的事情是很重要的。理解该事件或许不是对方有意为之，或意识到是我们自己产生了误解，或针对该事件的解释说明会让我们给他们第二次机会。当我们有意去寻找重新信任人们的理由，而不是搜寻不信任他们的原因时，我们就会找回他们，反之亦然。当我们看到积极结果，并将他们视为可信赖时，我们就会重建信任。

重建信任的举措

我们可以采取哪些具体行动来重建信任？要重建信任，我们可以采取哪些具体举措？

1. 放下我们的自负，保持谦逊。我们（或者他人）可能会对不信任感提出有说服力的原因。但是纠结这个原因并不能帮助我们重建信任。意识到"人非圣贤，孰能无过"会让我们更容易理解他人，而不是让我们执意要求他们遵守不可能的标准。

2. 回顾人们的看法。这意味着审视我们的框架，检查我们的观念可能在什么地方有所缺失。

3. 喘口气或休息一下。在被情绪控制或影响时进行讨论会让交流更难进行。

4. 私下见面。公开指责很少会让事情变得更好，也很少会创造一个开诚布公的反思环境。

5. 询问他人的观点。这包括进入他人的框架，并以他人的视角看待问题。

6. 弄清楚他人的需求。有时，他人需要的是道歉，有时不用道歉，继续交往就足够了。

7. 履行自己的承诺。很明显，如果你赞同自己需要做一些事情来重建信任，那么你必须履行自己的承诺。

在本章，我们讨论了在与他人交往过程中的核心问题之一，信任。我们会在下一章讨论人际关系中的另一个核心元素——冲突。

要点速览

- 信任包括两个因素：

1. 自己的信誉。

2. 为他人着想。

- 信任要求我们先采取行动。

- 信任 + 关系 = 忠诚。

- 信任、信誉和尊重包含四个标准：

1. 我们看起来如何。

2. 我们做了什么。

3. 我们说了什么。

4. 我们怎么说。

- 过度信任和过度不信任都可能出现。我们需要找到健康的信任。

- 有 6 种不信任的警示信号：

1. 情绪低落，缺乏动力，缺乏主动性。

2. 高缺席率、迟到率、流失率。

3. 交流存在戒备或忙于制造流言。

4. 潜在的恐惧或担忧。

5. 怀疑或者可疑的行为。

6. 戒备性或攻击性的行为或交流。

● 信任问题来自我们的框架和过滤器。

● 重建信任是可能的。以下是我们可以重建信任的 7 种
举措：

1. 放下我们的自负，保持谦逊。

2. 回顾人们的看法。

3. 喘口气或休息一下。

4. 私下见面。

5. 询问他人的观点。

6. 弄清楚他人的需求。

7. 履行自己的承诺。

第7章
冲　突

⊂⊃

　　厄尼坐在会议室里，紧张地用脚敲着地板。该公司聘请了一位名为伯特的新人来领导市场部，销售和营销之间的关系历来存在争议。更糟糕的是，这位新人曾经在厄尼毕业学校的同城竞争对手校那里上过大学，然后在业内最大的竞争对手那里工作过。两人之间的冲突似乎是不可避免的。

　　门开了，伯特走了进来。在最初的印象中，伯特看起来像厄尼所怀疑的那样，是一个混蛋。他神情傲慢，总露出轻蔑的傻笑。"这么说，你就是我一直听说的那个厄尼？"他边说边拉出会议桌最前面的座位，"你看起来不像我想的那样。"

　　"什么意思？"厄尼想，"我已经不喜欢这个家伙了。"

并不是每个人都有相同的看法

　　你有没有遇到过一个人，在你遇到对方那一刻，你就知道你们不会相处得很好？弗兰克·斯塔基遇到过，他提供了一些如何克服此类问题的好建议。

"你有没有和一个人第一次见面就说：'我们意见不一致，我们不会和睦相处的。他来自这里，我来自那里。我们永远也找不到沟通的办法。他看事情的方式和我不同。'然后突然之间，一旦你认识了对方，你就不会批评了，因为你知道对方是从哪里来的。一旦你明白了这一点，你就可以找到共同点，然后你们就可以一起共事了。

"即使是在健康的组织中，也不是每个人对每件事的看法都是一致的。保持和谐和保留分歧是可以做到的，只要你能找到一些共性。我们不必在所有事情上都达成一致，但为了向前推进，我们必须找到一个我们可以达成一致的地方或要点。这就是与你不喜欢的人相处的方式。"

乔纳森·维哈尔拥有一家咨询公司，另一家咨询公司开始接触他的一些承包商，想为他们提供服务。乔纳森对此并不满意。在一次行业会议上，这家咨询公司的首席执行官走近他，说："我们应该谈谈。"乔纳森一直有意躲开这位首席执行官，便生硬地回答道："你是说谈谈我们的承包商吗？"对方说："不是。不过，我们可以谈谈这个。我想说的是，事实上，我认为我们所做的工作是相辅相成的，我们可以互相帮助。"最后，两人共进晚餐，然后发现他们对市场的不同区域感兴趣，并开始给对方推荐工作。在这个过程中，他们能够让他们的那伙承包商不断下单咨询，这增加了承包商的忠诚度。20

年后，他们会是亲密的朋友，依然在合作，并互相提供帮助。

什么是冲突

当你和两个或更多的人来往时，冲突便不可避免。从蹒跚学步的孩子为玩具而打架，到企业主为承包商而争吵，再到世界各国领导人为国际政治而斗争，冲突是每个人生活的一部分。

冲突到底是什么？我们的定义是：

（1）尖锐的分歧，例如利益或理念、情绪上的不安；矛盾或对立。

（2）不相容或相反的需求、驱动力或愿景引起的心理斗争。

显而易见，有两个方面的冲突：外部冲突和内部冲突。一个是彼此之间的分歧，另一个是内在的心理斗争。我们在前面的一章中详细讨论了如何使用框架和过滤器的概念来克服内在的心理斗争。在本章中，我们将更多地关注人际冲突以及如何解决它们。

冲突的特点

在我们处理冲突之前，我们需要了解冲突的性质以及人们如何应对冲突。以下是冲突的一些特征。

- 冲突很少只有一个根源。

- 情绪高涨。

- 人们对冲突感到不舒服。

- 人们感到孤独，他们是唯一经历这种状况的人。

- 人们会思考自己会失去什么。

- 人们认为他们没有足够的资源来应对这个问题。

- 人们只能处理有限的冲突。

- 人们坚持认为他们是正确的。

P.R.I.D.E.

人与人之间的冲突究竟缘何而来？图 7.1 说明了这一点。

P	过程（Process）
R	角色（Roles）
I	人际问题（Interpersonal Issues）
D	方向（Direction）
E	外部压力（External Pressures）

图 7.1　冲突缘何而来

本质上，我们倾向于与他人在过程（如何做）、角色（谁做）、人际问题（风格和历史）、方向（在行动过程中的分歧）或外部压力（金钱、资源、时间紧缺或关系之外的任何事情）上发生冲突。当我们思考我们生活中的冲突时，能够找出冲突的根源往往会提供解决问题的突破口，并让我们有机会与他人讨论我们双方想要的是什么，以此作为寻求共同点的一种方式。

引发冲突的六个因素

卡耐基资深导师埃尔塞尔·查尔斯和我们分享了人们意见不一的六个原因：

（1）听不到对方的声音。

（2）不同的价值观。

（3）个性风格。

（4）不同的视角。

（5）代际和文化差异。

（6）就是不喜欢对方。

> "并不是每个人都会喜欢你。你又不是香饽饽儿。"
>
> ——网络迷因

如何处理冲突

冲突往往是隐藏起来的。它可能是所谓的"房间里的大象"。我们都曾有过这样的经历，当我们走进一个房间时，那里毫无理由地令人感到压抑。这是隐藏的冲突。然而，我们无法解决我们没有发现的问题，因此将冲突公之于众是很重要的。但是，这必须从战略上进行，这样的话，冲突才不会升级和恶化。以下是一些将冲突公之于众的小贴士。

（1）在双方都冷静时指出问题。

（2）选择中立场景。

（3）在适当的情况下，将其视为团队问题。

（4）以友好的方式开始交谈。

（5）使用开放式问题。

——能告诉我你为什么生气吗？

——我能帮你做什么？

——是什么导致了这一切的发生？

——当我们这么说的时候，你有怎样的反应？

（6）使用含"我"或"这"的信息，不要用含"你"的信息："你不知道这里发生了什么"——对比这样的措辞，尽可能多说"我"——"我觉得我是唯一知道这件事儿的人"或者"我们对目前的情况缺乏共同的认识"。

（7）谈论问题而不谈论个人。

（8）停止说话，开始倾听。

（9）言行一致，收获回报，保持信任。

如果你听了他人对某种情况的感受，然后忽视了对方所说的，那么这会让事情变得更糟。记住我们在上一章中分享的恢复信任的方法之一：履行自己的承诺。

蕾妮和考特尼在工作中经常需要沟通，这与他们工作的电子公司的品牌重塑有关。蕾妮负责市场营销，考特尼负责产品管理。为了让他们两人成功地重塑品牌，蕾妮必须提供标识和品牌指南，以便考特尼可以为数百种产品创建全新的包装。考特尼一直要求蕾妮启动这个项目。蕾妮拒绝启动，这给考特尼带来了压力，因为她知道她的时间已经不多了。最后，在一次电话中，蕾妮爆发了怒火："我不在乎你需要什么！"然后挂断了电话。考特尼大吃一惊。她们的工作关系很好，在工作之外也进行过社交活动。考特尼决定缓和关系。几天后，考特尼与蕾妮通了电话，并为这场冲突承担了责任。"瞧，我知道我在这个项目上给你的压力太大了。"然后问她到底是怎么回事儿。事实上，蕾妮一直在处理一些健康问题，并与负责这项工作的品牌经纪公司发生了点儿麻烦，她受到了来自老板的压力。随着谈话的展开，当她们有意努力理解对方的观点时，她们便能够达成一致，这会让她们双方都能够得到各自需要的东西。

冲突反应量表

图 7.2 说明了人们对冲突表现出的各种反应。最左边的是回避的反应行为，最右边的是更具有攻击性的反应。我们希望努力实现中间立场，我们在这个位置上妥协（不是在各自最重要的事情上妥协）和合作，从而达到双赢。

图 7.2　面对冲突时的反应

冲突解决问题

为了做到这一点，实现双赢，就需要考虑以下这些亟待解决的问题：

（1）冲突是什么？

（2）应对冲突的方式是什么？

（3）冲突的起因是什么？根本原因是什么？

（4）可能的解决方案是什么？

（5）最佳的解决方案是什么？

心理安全

要实现这一点，就必须有一个心理安全的环境。在谷歌著名的"亚里士多德项目"中，他们发现，高绩效团队的标志之一是，他们有一个心理安全的环境。在这种环境下，团队成员感到安全，可以在彼此面前表现出勇敢和脆弱。为了真正走出冲突，双方都必须在心理上感到安全，而不用担心被他人以某种方式难堪、边缘化或惩罚。

以下是心理安全感降低的九个迹象。

（1）人们不会在开会时问太多问题。

（2）人们不愿意承认错误或在犯错时将责任归咎于他人。

（3）人们避免有难度的谈话和热点话题。

（4）领导倾向于主导会议中的讨论。

（5）不经常给予反馈或要求反馈。

（6）人们通常不会冒险超出自己的工作范围或职责来支持他人。

（7）当人们需要帮助时，他们不会互相求助。

（8）人们几乎没有什么分歧或不同的观点。

（9）人们并不了解彼此的个人情况，相互了解仅限于专业或团队范围内。

好在，当我们改变心态时，我们就能为自己赋能，改变自己的行为，得到不同的结果，从而成为他人的榜样。这为联系创造了另一个基础。

冲突中的情绪管理

冲突研究人员罗杰·费舍尔（Roger Fisher）和威廉·尤里（William Ury）在他们的经典著作《走向是》（*Getting to Yes*）中提到了在冲突中控制情绪的几种技巧。强烈的情绪既是冲突的原因，也是冲突的结果。处于冲突中的人可能会有各种各样的负面情绪——愤怒、不信任、失望、沮丧、困惑、担忧或恐惧。以下是一些基于费舍尔和尤里作品的小贴士，旨在用来管理这些强烈的情绪，营造一个安全的心理环境。

（1）当你感觉自己变得情绪化时，退后一步，专注于他人的情绪。他们是愤怒还是对这个话题感到兴奋和热情？

（2）寻找情绪的来源。他们的过滤器是什么？有没有可能他们的过滤器与你无关？

（3）开诚布公地谈论对方的感受。"这场对话似乎让你感到沮丧。我是不是误读了呢？"

（4）用非对抗的方式表达自己的感受（用"我"而不是

"你"来表达）。"我想我感到失望是因为……"

（5）确认对方的感受，确认对方是否和你有不同的看法。"我能从你的视角明白，你为什么会有这样的感觉。"

（6）如果对方不能摆脱情绪的干扰，那么你就得做到。不要感情用事，但要走出房间，给双方一个可以冷静下来的机会。

当我们意见有分歧时

正如我们已经提到的，分歧是不可避免的。重要的不是我们之间存在分歧，而是我们如何处理分歧。处理分歧的方法是找到某种形式的桥梁或契合点。图 7.3 说明了此过程。

利用契合点作为桥梁

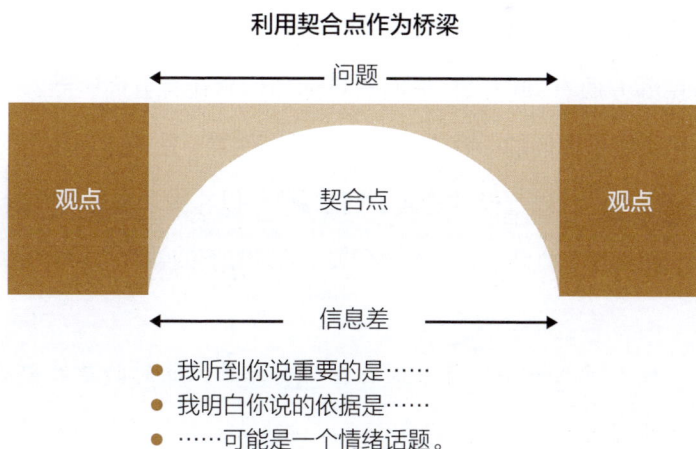

- 我听到你说重要的是……
- 我明白你说的依据是……
- ……可能是一个情绪话题。

图 7.3 如何处理分歧

找到契合点需要以下五个步骤（见图 7.4）。

| 倾听意见 | → | 通过提问澄清意见 | → | 倾听一致观点 | → | 援引一致观点 | → | 重构或赞同不同意见 |

图 7.4　找到契合点的步骤

要想找到弥合冲突所必需的一致观点，我们就需要（又一次）放下自我，倾听他人说话，倾听他们的意见。一旦听到意见，我们就要提出问题，这样我们才能真正理解对方。这些问题是为了澄清我们对他人意见的理解，而并非为了说服对方。当我们倾听时，我们需要寻找和对方存在分歧的地方，但如果我们持有争论的心态，那么事情可能就难办了。把重点放在共性上，然后加以说明。你们在哪点上同意？你们在哪方面有共同点？你们的目标和信念在哪方面一致？一旦你明确了你们的一致之处，你就可以朝着一致的方向重构讨论，或者你可以选择"赞同不同意见"，以礼貌和友好的方式。

丽贝卡·科利尔分享了一个关于管理冲突的强有力的故事。

我当时在一家国际石油运输公司工作，面对的是大型油轮和大型集装箱。有一次在一个航运码头，我与港务局和码头工人一起，工作场面粗暴而混乱。在这群人中，有两个我一开始并不了解的人，他们非常讨厌对方。安妮特和卡尔的关系紧张，以至于影响到了其他方面的作业。当我发现这一点后，我注意到在第一天的训练过程中，他们坐得尽可能远离对方。

在戴尔·卡耐基的整个课程中，有一些活动是让我们进行对话。我们两两搭档，在一起进行小组合作。我们在一起的五天里，他们相互了解，我发现，在谈论与业务无关的问题时，他们倒是有很多共同点。我们每天选择座位。有趣的是，在最后一次课上，他们选择坐在同一张桌子上。当我们谈到他们从这个课程中获得的好处时，安妮特第一个站起来发言："我知道我不是一个容易相处的人。这让我在职业生涯中遇到了很多冲突，而这个项目为我做的是它建立了一种关系。这为我与卡尔打开了一扇门，我们现在可以进行对话，因为我们知道我们拥有更多的是共同点，而不是不同点。"整个房间的学员都起立鼓掌。对她自己而言，这是一次巨大的自我认识；对他们双方而言，也是如此。这次活动提高了他们完成任务的能力，而并非走向相反的结果。

这是不是意味着，如果我们把问题说出来，那么所有的敌人都可以成为亲密的朋友？不是的。但这确实意味着，我们可以走出冲突，找到共同点，这可能会带来好处，并建立重要的联系。

图 7.5 揭示了处理不稳定或具有挑战性的情况的六种选择。

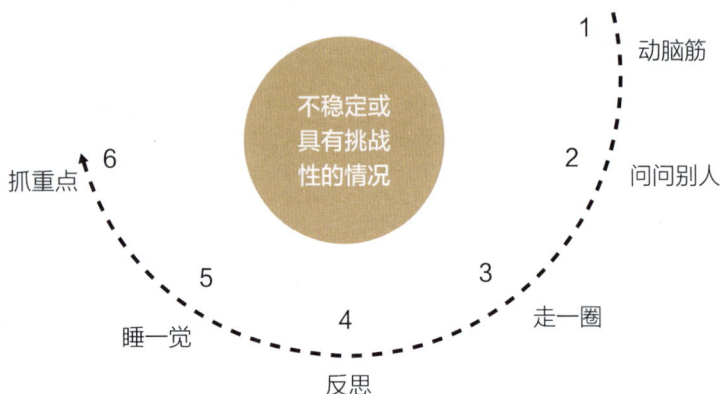

图 7.5　如何应对具有挑战性的情况

1.动脑筋：换句话说，走出你的情绪，用你的理智而不是你的感觉来思考问题。

2.问问别人：不要试图自己解决问题。从关键利益相关者那里获得意见和新的视角。

3.走一圈：通常你不需要马上解决问题，如果你面对一个不稳定的情况，那么你可能无法立刻解决。出去走走，给自己一些时间，从焦虑的状态中平静下来。

4.反思：花时间从多个角度思考，想清楚什么在起作用，什么不起作用，以及你如何才能让局面变得更好。

5.睡一觉：这句话很常见，因为它很管用。当你睡着的时候，你的大脑会处理问题，你很可能醒来时会有新的见解。

6.抓重点：我们不需要参加受邀的每一场辩论。避免争论很可能是有价值的。争论真的很重要吗？为了赢得它而付出的努力、精力、信誉或附带损害值得吗？

罗伯特在一次会议上怒气冲冲地走了出来，他不得不到外面，否则他就会当场发作。尽管他强烈反对，但是他的团队被指派负责一个没有人想做的项目，因为这几乎是不可能做到的。尽管他想保护已经不堪重负的团队，但是他没有成功，并且感觉受到了压迫。会议一结束，罗伯特就怒气冲冲地走出会场，在伊利诺伊州寒冷的冬天，他绕着仓库转了几圈。他走路时，大脑中的神经发生了化学变化，帮助他从愤怒变为沮丧，又变为烦恼、紧张、好奇，他想知道自己将如何完成这个扔在他面前的项目。在步行快结束时，他意识到他们如何才能以一种以前从未考虑过的方式完成任务。他匆匆回到办公室，起草了一份计划，并从重要的利益相关者着手。这种方式导致了业务的转型，并为公司的数字化转型奠定了基础。这一切都是因为他没有放弃，而是"走一圈"。

戴尔·卡耐基关于如何走出冲突的小贴士

- 试着真诚地站在他人的角度看问题。
- 不要为一点儿小事儿大惊小怪。

- 在不可避免的事情上合作。

- 决定一件东西值得花费多少焦虑，然而拒绝为之付出更多焦虑。

- 当命运给我们柠檬时，试着做柠檬水。

- 永远不要试图报复我们的敌人。

这不是一本关注冲突的书。它专注于与他人建立联系。记住，我们在本章一开始就谈到了这样一个事实，即冲突既发生在我们的头脑内部，也发生在我们与他人的外部联系上。当然，当我们处于冲突中时，联系不会发生。事实上，冲突就像一种强酸，会侵蚀我们与他人之间建立的联系。它会形成互不信任的关系，破坏尊重，还会侵蚀我们自己的信誉。与其因为冲突而贬低或切断联系，不如让我们走上更高的道路，在冲突中架起一座桥梁，回到富有成效的关系中。这就是我们发展人脉的方式。

要点速览

- 冲突存在于我们的内心和社会关系中。

- 冲突源于 P.R.I.D.E.：过程、角色、人际问题、方向、外部压力。

● 以下是我们持不同意见的六个原因：

（1）听不到对方的声音。

（2）不同的价值观。

（3）个性风格。

（4）不同的视角。

（5）代际和文化差异。

（6）就是不喜欢对方。

● 以下是将冲突公开化的九个步骤：

（1）在双方都冷静时指出问题。

（2）选择中立场景。

（3）在适当的情况下，将其视为团队问题。

（4）以友好的方式开始交谈。

（5）使用开放式问题。

（6）使用"我"或"这"信息，不要用含"你"的信息。

（7）谈论问题而不谈论个人。

（8）停止说话，开始倾听。

（9）言行一致，收获回报，保持信任。

● 为了解决冲突，我们必须积极寻找相互之间存在分歧之处，找到契合点，我们可以"赞同不同意见"。

● 心理安全是一种人们可以安全地学习、贡献、挑战现状而不担心以某种方式被边缘化或被惩罚的状态。这是解决冲突的前提。

第8章
共情式倾听——学会谦逊地倾听

"厄尼，你没在听我说。"厄尼的妻子站在他面前，双手叉腰，生气地说。

"不，我在听。你在跟我说你妹妹第一天上班的事儿，说她去厕所进错了地方，去了男厕所。"

"这不是在听，是在重复我刚刚说过的话。你可能在听我说话，但我知道你在更用心地倾听隔壁房间里电视上的比赛情况。"

"不，我没有在听比赛！"（是的，他是在听比赛。）

"我来问你。谁赢了这场比赛？"

"法拉利。"厄尼知道他对这个问题的回答惹麻烦了。

"现在，我妹妹在哪儿工作？她的新工作是什么？"

"嗯……"厄尼知道自己被逮住了。"对不起，亲爱的。你说得对。我把隔壁房间的电视关掉，我会专心听你说话。"

不用心听他人说话也能和他人交流吗？你是否曾经在和某人交谈时，觉得对方听得很认真，以至于与对方产生了一种情感上的联系？有过这种经历的人都知道，用心交谈和只是听你说话完全不同。大多数时候，我们倾听的目的是能够说一些表明我们理解对方意思的话，或者只是让我们有机会说出自己的想法而已。

倾听他人说话需要我们谦逊地认识到，在对方说完之前，我们无法完全理解对方。我们说的十有八九都是对方已经知道的东西，所以我们有必要让人把话说完。

倾听与听见

"我已经是一个很好的倾听者。我可以一字不差地重复他人告诉我的话！"

倾听和听见之间有很大的区别。当然，你可能听见他人说过的话，然后重复它。但这是否意味着你理解了对方的意思呢？不一定。

听见是不自觉或无意识的，是他人发出的声波振动对你耳膜的冲击。可能在很多情况下，你并不想听到这些事情，但又无法阻止它们进入你的耳朵。

倾听不仅包含听见对方所说的话，还要包含对对方意思的理解。这是一种参与式活动，也就是说你必须全身心投入和参与其中，才可能让倾听发生。它需要集中精力和有意识地参与其中，你才能透彻理解你所听到的话，并赋予它意义。

我们都经历过这样的对话，对方重复我们的原话，但很明显，他们仍然不明白我们想说什么。事实上，重复原话常被认为是积极倾听的表现并被当作一种倾听技巧传授。

下面有一个例子。两个朋友坐在一起谈论工作。一个朋友在信息技术行业工作，另一个则不是。

这位做信息技术的朋友说："所以说，工作真的很酷。我们一直致力于创建一个新的加密虚拟专用网络解决方案，增强便携式设备的可移动性，在确保我们的公司资源安全的同时保障联系畅通。对此，我已经迫不及待。"

没有在信息技术行业工作背景的朋友可能会重复他听到的内容，例如"虚拟专用网络""便携式设备的可移动性"，但除非他真的理解这些术语，否则他不知道他的朋友在说什么。重要的不是术语，而是当他谈论这件事儿的时候，他的朋友是什么感受？这些信息对他意味着什么？仅仅因为某人在说话而你在听并不意味着你真的在倾听和理解。

大多数人会说他们是很好的倾听者。事实上，在对经理的 360 度评估中（由他或她的老板、同事和直接下属对经理进行评估），经理作为一个好的倾听者的自我认知与他人的评价之间往往存在巨大的差距。换句话说，你可能"认为"自己是一个优秀的倾听者。但是，你真是如此吗？

以下的一个小测试，可以帮助你评估自己的倾听的能力。

你现在能听见我说话吗

对于以下问题，请按照以下量表回答（尽可能如实）：

从不　偶尔　有时　经常　频繁

（1）当我和某人通电话时，我可以同时回复电子邮件和短信。

（2）当我听到另一个人说话时，我会心烦意乱，情绪激动。

（3）我对谈话中的沉默感到不舒服。

（4）如果我有相关的故事要分享，那么我会打断对方，等我说完再让他们说。

（5）在和我交谈时，人们似乎会感到不安，我不知道为什么。

（6）为了保持对话畅通，我会问一些问题，这些问题可以用简单的"是"或"否"来回答。

（7）我会帮助对方看清他们所说的事情的不同方面。

（8）如果有人想一遍又一遍地谈论某事，那么我只会告诉他们想听的话，试图让他们停下来。

（9）我一边倾听对方谈话，一边思考如何回击对方。

（10）当人们和我谈论敏感话题时，我感到不舒服。

（11）如果另一个人对我持鲜明态度的事情有不同的看法，我就不想再谈论它。

（12）我不太注意环境或肢体语言之类的东西，而只关注对方实际说些什么。

（13）如果对方想说些什么，那么我会提出自己的建议。

（14）如果有人打断了我，那么我会迫不及待地想让他们说完，这样我就能回到我正在做的事情上来。

要确定你的分数，请为每个答案给自己以下分数：

从不 = 1 分

偶尔 = 2 分

有时 = 3 分

经常 = 4 分

频繁 = 5 分

得分解读

14~29 分：你已经是一位优秀的倾听者。你有能力让他人听懂你的话，并愿意与你交谈。你会进行情感交流，并尽可能地关注对方情感。尽管如此，你还是要继续努力增强谈话技巧和能力。

30~49 分：人们喜欢与你聊天，但有时如果话题令你过于情绪化或不舒服，你会设法改变话题或开个玩笑。本书中的工具和意见将帮助你继续成长为一个更高效的倾听者。

50~70 分：如果你在这个区间，那么你可能自认为自己比他人更善于倾听。你可能会让对方感觉你不在乎他的话，或者你经常会误解对方。尽管如此，你也不必太担心。你从本书中学到的技巧和方法完全可以帮助你成为一名优秀的倾听者。

七种类型的听众

在一次全公司范围的季度会议中，首席执行官开始怀疑视频会议中的一些人并没有认真听他讲话。

本看起来魂不守舍，他的目光从镜头移开，低头看手机，坐立不安。

卡洛琳完全走神儿了。她看着镜头，但却一脸茫然。

当首席执行官分析季度销售数字背后的原因时，大卫插嘴道："这在很大的程度上与中东冲突引发的燃料价格升高有关。"他靠着椅背微笑着，首席执行官还看到其他几个人在对他翻白眼儿。

利亚喃喃地说："管它呢。"声音轻得几乎没人听见。

丹坐在那里，双臂交叉，皱着眉头。"我无意冒犯，但这难道不是一封电子邮件就能解决的吗？我不明白我们为什么要浪费时间开这个会。"

"丹，事实上，研究表明，使用多模态呈现的信息比仅仅通过阅读一封电子邮件能更有效地被吸收"。玛格丽特几乎是在盯着她的摄像头。

"我有一个问题要问你。"安娜举起了手。"我们计划在下一个季度发布新平台，对吗？这些数据是否会影响新平台的推出？"

你有多少次在谈话中遇到像这些与会者一样的人？又有多少次你就是其中这样的听众呢？

上述场景验证了戴尔·卡耐基训练机构所确定的七种听众类型。

- "心事重重"型
- "神志不清"型
- "质疑插话"型
- "无所谓"型
- "争强好胜"型
- "分析师"型
- "接话茬儿"型

前六种方法不如第七种方法有效。下面我们将更详细地描述每种类型。

"心事重重"型

本是一个典型的"心事重重的人"。坐立不安，不停地看手机，让说话者觉得他没有全心聊天儿。这些人总让人觉得他们匆匆忙忙，经常四处张望或忙于其他事情。众所周知，这些多任务处理者，总是静不下来，并不擅长倾听。

"神志不清"型

前面的场景中，卡罗琳是一个"脱离现实的人"。首席执行官还在讲话，她却早已听不进去，开始做白日梦。这些人看起来在你身边，但其实他们的灵魂早已飘远。看到他们的一脸茫然，你就会了然。他们不是在白日做梦，就是想其他事情去了。

"质疑插话"型

大卫是一名"插话者"。他一直等着能打断他人、自己插话的机会。这些人随时准备插话。他们准备替你说完你的话。他们并没有听你在说什么，而是努力在猜你会说什么，并考虑他们要说什么。

"无所谓"型

利亚是一个典型的"无所谓的人"。就算她什么也没说，看到她的肢体语言和行为举止，首席执行官也能感觉到她完全没听自己说话。倾听时，这些人总是保持冷漠，很少流露感情。他们看起来好像不在乎你的话。

"争强好胜"型

很明显，丹是"战斗者"。充满敌意，说话粗鲁，"战斗者"通常不是为了理解去倾听。这类人听你说话，只是为了找到能攻击你的点。他们随时准备吵架。他们喜欢反驳他人，责备他人。

"分析师"型

玛格丽特是一名"分析者"。她可能都没发现自己的倾听方式没有太大效果。这类人经常扮演顾问或者治疗师，他们随时准备好给你提供答案。他们觉得自己是出色的倾听者，乐于帮助他人。他们一直在分析你说的话，并治愈你。

"接话茬儿"型

最后一位，安娜是一名"参与者"。很明显，这类人是有意识的听众。他们总能站在对方的角度，用眼、耳、心去倾听。这是倾听的最高境界。他们的倾听技巧能让你继续说下去，给你机会自己找到方案，并阐述你的想法。

在建立联系方面，哪种类型最有效？一般说来，是后者，尽管有时分析技能是必需的，但是在寻求解决方案之前，我们最好还是专注于参与。

没时间倾听

汤姆·曼根谈到对倾听的常见误解时说："总是有人说，他们根本没时间坐下来听他人说话。'我很忙，我还有事儿要做。'"

"我在领导力课上经常遇到的阻力是，人们说'我没有时间进行这样的对话'。但人们不一定非要聊天儿，他们可能只需要点到即止。有时候，人们只需要30秒到2分钟去问问题，去听答案。"

"只需要屏蔽外界，将你的注意力全部集中在对方身上。我们的生活里，到处都是屏幕、弹窗和一些分散我们注意力的事物。试着让对方感觉自己有价值，而不是嫌麻烦。"

当我们走进他人的办公室，他们问我们"什么事儿"，然后继续在他们的电脑上打字或盯着他们的手机时，这是否建立了我们试图建立的联系？答案几乎总是否定的。所以，我们不要成为那样的人。

没有人能一直当一个全神贯注的听众。

在前面的章节我们提到过开放式问题。这类问题能唤起回应，启发洞察与深思。这类问题鼓励人们提出设想，并围绕话题深度挖掘，进而可以帮助人们更加了解他人。封闭式问题则能结束讨论，以便开启下一个话题。经验丰富的倾听者知道，不合时宜的封闭式问题会结束一场有价值的讨论，先问这类问题的聊天儿也常常会是短暂的，没有太大价值。

开放式问题：

- 要解决这个问题，你能想到什么点子？
- 你的想法是什么？
- 你喜欢哪些类型的食物？
- 请告诉我更多关于你的经验。

封闭式问题：

- 你喜欢这个颜色吗？
- 中餐是你的最爱吗？
- 大家有任何疑问吗？
- 你的狗会咬人吗？

"如果你'没有'不知道的，那就没有好奇心，没有学习，没有倾听，也就没有联系。"

——乔纳森·维哈尔

谦逊的价值

大量研究和共事经历（与领导者、出色的团队、我们喜欢与之相处的人以及优秀的学习者）表明，在人们是否能够接受指导、寻找新的视角、有效倾听、容忍歧义和敞开心扉接受新想法等方面，谦逊是根基。谦逊不是指你做了什么，而是指你做人的方式。这是一种持续的心理状态，我们需要不断地反思自己是否是一个无所不知（通常没有吸引力）的人，或者是否清楚我们并不了解对方的一切，这意味着我们有机会学习、理解和建立联系。谦逊的人具备以下品质：

● 他们不觉得自己什么都知道，他们很好奇，乐于学习，乐于建立更多有潜在价值的联系。

● 他们更容易相处，而不是傲慢，他人更有可能想要与他们建立联系。

● 他们不需要邀功请赏，他们更可能获得众人支持。他们常常能带来创造改变机会的协作感，以及让彼此联系更加紧密的合作感。

这一切和倾听有什么关系？很简单。当我们以"先知"的身份进行对话时，我们并没有真正在倾听。只有当我们保持谦逊的态度时，我们才可以更清晰地呈现出事情的原貌，因为我们不是在试图解决问题，也不是为了分享自己的才华。我们正在利用这个机会向对方学习。当我们处于"不知道"的状态时，那才是我们真正倾听的时候。

这就是倾听的心态。下面是一些可以帮助我们学习倾听的工具。

倾听的阶梯

我们划分出了三种类型，它们相互依存。

1. 基础型问题

这些问题决定了基本信息。

● 下一趟公交车几点到站？

● 我们还剩多少预算资金？

● 自助餐厅今天供应炸薯条吗？

2. 细究型问题

对于我们已经获得的基本信息的问题加以详述。

● 你知道这趟公交车在下一站过后开往哪儿吗？

● 预算中剩下的钱有没有分配给什么特别的项目？

● 菜单上还有什么？

3. 评估型问题

这些问题能鼓励他人分享观点。

● 你最喜欢观看和聆听的现场音乐剧是什么？

● 我对这个策略有一些担忧。它有哪些优势？

● 你会对这款产品做哪些改进，以便帮助它更好地销售
出去？

此外，在本书的前一章中，我们在内心访谈部分也提到了三种类型的问题。

1. 事实问题

这些问题通常是对话性质的，围绕着事实信息。

- 你在哪里长大？

- 你在哪里上的学？

- 你们是怎么认识的？

2. 因果问题

这些问题决定了一些事实问题答案背后的动机或原因。

- 是什么原因让你的父母搬到了那里？

- 你为什么选择那所学校？

- 你是怎么来这里工作的？

3. 基于价值观的问题

这些问题将让你更好地理解他们的框架。

- 说出一位对你的生活产生重大影响的人。

- 如果再给你一次机会，你会怎么做？

- 你生活里最难熬的日子是怎样的？你是怎么度过的？

接下来，我们一起练习一下所学过的内容。参照以下指南，判断问题属于哪种类型。

答案 ❶ 见本页脚注。

A. "会议是几点？"

B. "你怎么会爆胎的？"

C. "你喜欢蓝色还是红色？"

D. "你为什么成了素食主义者？"

E. "订购替换零件的流程是什么？"

F. "什么车开着更舒适？"

_____基础型问题

_____细究型问题

_____评估型问题

_____事实问题

_____因果问题

_____基于价值观的问题

我们提出的问题来自我们看待世界的框架，也决定了我们的思维框架。正是这些问题让我们与他人建立有用的联系，或中止无意义的联系。若要高效倾听，深入了解他人的价值观，我们要会提出有意义和恰当的问题。我们在聊天儿时运用这些提问技巧后（记住梦想之家的铭牌），就能够建立更深层

---

❶ 答案：A.事实型。B.因果型。C.评估型。D.价值型。E.基础型。F.细究型。——作者注

次的实质联系。

大卫·卡巴科夫分享了一则故事：倾听让我们了解到更多不可思议的事情。

我当时正在组织一个有 85 个人参与的工作坊。其中有两位上了年纪的男士，他们彼此认识 30 多年了。最后才发现，他们都是海军老兵，战争中他们的战舰都曾经被鱼雷击沉过，而此前他们竟都不知晓这些！

共情式倾听

本章到目前为止，我们已经讨论了一些倾听的技巧。这些基本技能让人真正了解对方所说。要想真正与他人建立联系，我们必须更进一步，了解更多。我们需要在倾听时激发共情。但是，共情究竟是什么？

《通过共情组织》（*Organizing Through Empathy*）的作者拉里·帕特（Larry Pate）和特拉西·肖布洛姆（Traci Shoblom）在该书的一章中写道："根据感知—行动模型，共情指的是一个人（主体）因为感知某个人的状态而感受到与另一个人（客体）相似的情感时发生的共同情感体验。这个过程源于这样一个事实：当主体注意到客体的情绪状态时，主体的情绪状态表征就会自动激活。"

换句话说，为理解而倾听是一回事儿，为共情而倾听则是另一回事儿，它需要能在情感上与他人产生共鸣。例如，这需要平息我们脑海中的"那件事儿发生在你身上，真是太糟糕了"，并代替以"如果这件事儿发生在我身上，我会怎么想"。戴尔·卡耐基第 17 条原则这样写道："要真诚地从对方的视角看问题。"

倾听，不要只是听见

因此，下一次我们进行对话时，如果我们希望建立、维护或重建一种联系，那就让我们集中精力从对方的角度倾听。让我们深思熟虑，不仅是交谈，更重要的是倾听对方在说什么以及他们内心在怎么想。

抱着学习的意图去倾听，站在他人的角度去倾听，这两点的重要性再怎么强调也不为过。问题是大多数人自认为是优秀的倾听者。实际上，只有谦逊，才能让我们意识到自己能做得更好，并常以"不知者"的心态学会倾听。一旦发现对方在倾听我们的谈话，我们就能感觉到自己被对方认可和欣赏，觉得自己很重要。这样联系就建立了。

本章中，我们认为，成为一名有效的共情式倾听者需要谦逊的态度和站在他人角度去交流的意愿。下一章，我们将讨论无法面对面时，人们如何做到共情式倾听。

要点速览

● 倾听和听见的区别。倾听是真正去理解和领会信息。

● 有七种类型的听众。"参与型"听众是最理想的类型。

● 倾听时保持谦逊的态度很重要。当我们倾听时，我们

很快就能判断出对方到底在说什么。

● 我们可以用封闭式问题（回答"是"或"否"），但是，

与对方建立联系时，最好使用开放式问题。

● 六种类型的问题：

＿＿＿基础型问题

＿＿＿评估型问题

＿＿＿细究型问题

＿＿＿事实问题

＿＿＿因果问题

＿＿＿基于价值观的问题

● 这些问题相互叠加、交织，共同构成倾听的阶梯。

● 然而，为了与对方建立真正的联系，我们必须在理解

的基础上更进一步，我们必须带着共情倾听。

第 9 章
虚拟世界的联系

"喂？你在吗？我看到你的名字了，但你的麦克风和摄像头没有打开。"厄尼非常讨厌虚拟会议。但在当今这个时代，没人能够绕过它们。"也许先注销，然后再登录。看看是否有效。"

这并不是说厄尼不适应科技。毕竟，他在一家公司做销售。他的大部分工作都是与他人建立联系，但当你只能在屏幕前看到他们的脸时，你很难去建立联系。通常，他用来建立联系的很多东西，比如桌子上的私人物品，都没有在虚拟会议中出现过。在开大型网络会议时，有一半儿的时间，人们要么把摄像头关闭，要么在参加会议时做其他事情。

当人们不在同一个房间时，一定会有更好的方式可以令我们与他人取得联系。

在上一章中，我们列举了一个首席执行官主持虚拟的季度会议的例子。越来越多的人都在参加这样的会议。

如果在 2019 年，有人告诉我们，我们将会戴着口罩，在虚拟环境中工作很多年，我们一定会认为他是疯了。但事实的确如此。我们的工作已经开始向虚拟的方式转变，新冠肺炎疫情加速了我们这个时代的进程，而且这样的趋势还会持续下去。如今，虚拟现实工作场所层出不穷，通过 Zoom、WebEx 等平台代理的会议频频召开，我们都必须学会掌握新的互动方式。

弗兰克·斯塔基分享了一件他与他人交流的轶事。

"当疫情开始的时候，我们都戴着口罩。我戴着口罩，尽力把眼睛睁得很大，以此表示我在微笑。想象一下这样的情形，一个戴着口罩的人，因为不能用嘴表现微笑，只能把眼睛睁得老大。这样，我把大家都吓跑了！最后，我才发现，表现微笑不需要把眼睛睁得老大，而是需要用你的声音来表现。与此相反，我的妻子是体现戴尔·卡耐基'微笑'原则（原则5）的活生生的例子。我的意思是，她很轻松就能交到很多朋友，因为她的笑很富有感染力，而且这种感染力一直延伸到她的眼睛。而我，却把眼睛睁得大大的，你能看到的只有我口罩后面这双睁得老大的眼睛。的确如此。"

弗兰克不是单独一个人。有很多次，你戴着口罩，努力对陌生人或同事微笑，却发现你把他们吓坏了，因为他们看不到你在微笑，只看到你在盯着他们看。

听而不言

如果在这样一种情形中——我们看不到对方完整的脸（或者在虚拟现实中，我们根本看不到他们），那么，我们如何通过倾听建立联系呢？

有人曾说——当我们说话的内容与说话的方式产生冲突时——只有7%的交流是基于语言实现的，38%的交流是通过我们的声音和语调传达的，而55%的交流是通过非语言行为实现的。虽然这些数字可能因来源不同而异，但是很明显，我们常常可以仅仅借助观察而非借助某个人的语言完成倾听。

在上面的场景中，弗兰克通过努力睁大眼睛表现微笑，让人感到不自在。他的妻子则用眼睛微笑，这让人感到很自在。

非语言交流是指任何一种不用语言的交流方式。

现在，人们把大量时间花在Zoom上，而在此之前，如果我们无法亲自与他人取得联系，我们就会使用电话或者电子邮件联系。视频会议打开了一种全新的联系方式，就像所有的新技术一样，我们仍然在适应这种技术，学习有效并充分应用这种技术。即使我们这些已经应用了这种技术很多年的人，也仍在学习应用它。当我们与对方联系时，视频聊天儿平台能让我们看到对方的情况（至少是部分）。虽然视频聊天儿平台为我们带来了一些挑战，比如所谓的"Zoom疲劳"，但是，它有可能让我们从根本上提高联系的质量，而非仅通过电话或邮件交流。

当然，一旦能有见到对方的机会，我们就要提高效率，努力做到有效沟通，以避免误读的情况，并确保我们建立牢固的联系，这一点很重要。

十条基本观察规则

美国联邦调查局前特工、肢体语言专家乔·纳瓦罗（Joe Navarro）在他的《每个人都在说什么》（*What Every Body is Saying*）一书中给出了十条基本观察规则，供你在聆听非语言交流时使用。

（1）你必须是一个敏锐的观察者。这意味着你必须不停地环顾四周，观察周围的世界。

（2）你必须学会观察所有的非语言交流，关注他人生活中发生的所有事情。

（3）确定一种行为是来自大脑还是来自文化是很重要的。

（4）一些行为是某个人独有的吗？大多数人都会有一些反复表现出来的行为。

（5）如果你正在观察那些能反映思想、感受或意图的非语言交流，最好寻找关于这种交流的一系列行为，而非依赖于某一件事儿。

（6）问问你自己："在这种情况下，哪些行为是此人正常的行为？"

（7）也要问问你自己："哪些行为与他正常的行为不同？"

（8）抓重点。也就是说，寻找最直接的表达，视之为最准确的表达，并利用这些信息来分析非语言交流。

（9）我们所做的观察不要唐突、冒失。

（10）在任何时候，当你看到一种行为，如果你不确定该行为表达什么意思，那就把它分为两类。它是令人舒适的行为还是令人不舒适的行为？该行为要么是一种令人舒适的行为，要么是一种令人不舒适的行为。

肢体语言

倾听的过程很大一部分涉及观察非语言信号，所以，了解观察的对象是很有帮助的。在上述的十条基本观察规则背景下审视这些信号是非常重要的。

当你看不到一个人的全身时，你可以通过以下一些有趣的事儿判断，他在和你交流时是舒适与否❶。当你与他人建立

---

❶ 这些源自乔·纳瓦罗的书《FBI教你破解身体语言》（*What Every Body is Saying*）。——作者注

联系时使用这些信号，并意识到你通过肢体语言无意间向他人
发出了什么信号。

手臂

我们使用手臂最有力的方式之一就是双手叉腰。大多数
时候，当看到有人站在那里，双手放在胯部，胳膊肘儿伸出，
双腿微微分开，这是一种非常有领地感的姿势。在我们看到有
人掌权时，或者有人发号施令时，便常常能看到这个姿势。这
是一种非常威严的姿势。这也可以表示当时的情况出现了问
题。有时，我们看不到对方的下半身，也无法看到此人双手叉
腰姿势，但当对方以居高临下的姿势，将手臂支撑在桌子上
时，我们可以看到这种姿势的另一种表现。

双臂交叉既有正面的含义，又有负面的含义。要确定是
哪一种含义，你必须观察人们握紧手臂的程度。当人们相互交
谈时，如果有人双臂交叉，紧握双臂，通常，这预示着发生了
非常负面的事情。

双臂交叉也不一定会和负面的事物联系在一起。人们可
以双臂交叉，靠在椅背上，身体非常放松。当我们身处社交环
境中，且周围有其他人时，如果我们把双手放在胸前，就能获
得一定程度的舒适感。有时，当我们想要制造心理障碍时，我
们会在手臂或躯干上放一个枕头、毯子或者外套等物品。

手部

双手是传达非语言信息的最佳部位之一。当我们把手指放在一起，比如把拇指与前两个手指放在一起，我们可以表示精确度。当我们运用富有表现力的手势进行交流时，我们的交流会被带到不同的层次。你会注意到政客们经常这么做。

我们把指尖儿放在一起，但不要让手掌接触，就会形成尖塔状，这样我们的手指看起来就像教堂的尖塔。手指呈尖塔状，实际上就是我们展现自信最有力的行为。这表明，我们对自己谈论的事情非常有信心。

肩部

想象一下，一位青少年被问到这样的问题："你哥哥放学回家了吗？"他把一个肩膀抬到耳边说："我不知道。"现在，请与下面这个情境做对比："你哥哥放学回家了吗？"他的两个肩膀都耸到了耳朵附近，手掌向上，接着他说："我不知道。"哪种回答更可信？当有人耸起肩膀，他们很可能不了解实际情况。肩膀后展则表示自信，身体前倾表示感兴趣。

颈部

当我们处于压力之下时，我们往往会通过触摸颈部来安慰自己。在说话的时候按摩后颈是不舒适的典型表现。

当女性感到没有安全感、痛苦、不安或受到威胁时，她们会用指尖儿或手遮住胸骨上的一小片区域——颈窝。

头部

头部是你可以用来观察他人是否在听你说话，或者告知他人你在听他们说话的另一个区域。如果你在和他人说话的某个时刻，你的头开始舒适地倾斜，那是你很可能正在听他们说话。如果有人提到了你不太关心的事情，你的头可能会立刻伸直。

额头

额头作为最容易判断是否焦虑的部位之一，也是能显示微表情的身体部位之一，它能够实时向我们展示一个人的思想和感受。我们能很容易清楚地发现，人们什么时候有压力、什么时候舒适、什么时候事情进行得不顺利，或者什么时候遇到了麻烦。

眼睛

虽然大多数人认为眨眼只是一种润滑眼睛的方式，但是实际上眨眼是一种非常有效的屏蔽机制。大多数时候，当我们听到不喜欢的东西时，我们会闭上眼睛。有时候，我们只在一瞬间闭眼，有时候则闭眼更久，这是人类大脑的一种自我保护方法或阻断机制。

很多时候，当我们听到坏消息，或者得知令我们感到有压力的事情时，你会发现自己在处理这些信息时，你闭上了眼睛。所以，如果有人在听你说话时闭上了眼睛，那么可能他们并不是没有在听，而可能是他们不喜欢你对他们讲述的事情。

眉毛

挑眉毛是一种表明感兴趣的经典表情。男士看着女士，点了点头，眉毛上扬，好像在说："你好吗？"这个动作被称为挑眉，是一种表示舒适或感兴趣的信号。

想象一下，你去见一个人，当你和对方握手的时候，他的眼神很坚定。接着，你遇到了另一个人，当你和他握手时，他看着你，拱起眉毛，也就是所谓的挑眉。

嘴

当我们拥有真挚、真诚的微笑时，眼睛周围的肌肉会参与这个过程。在真诚的微笑中，我们的嘴角朝着眼睛的方向上扬，这一点从眼睛的动作能反映出来，因为眼部的肌肉也参与了微笑。不幸的是，这样我们就长出了鱼尾纹。

虚假的微笑是一种嘴角向耳朵方向上扬的微笑，但眼部肌肉不参与。这是我们平时判断微笑的一种标准。这和欺骗无关，也和真相或谎言无关。当你看到虚假的微笑消失时，那可能是因为人们压力很大。

咬嘴唇也有不同的解释，把这些观察结果放在一定的语境中非常重要。例如，乔治·布什（George Bush）在极度紧张或焦虑的时候，会咬自己的脸颊内侧，而比尔·克林顿（Bill Clinton）则喜欢咬自己的下嘴唇，以示真诚。

下巴

我们都见过教授或治疗师的经典动作——摸下巴或捋胡子（无论真实或想象）。接触下巴与沉思、思考有关。

现在，我们要将摸下巴和摸脸部的人区分开来，尤其是喜欢触摸下巴周围的人。我们常常通过触摸自己的下巴来安抚自己，并通过触摸下巴上大约两厘米宽的狭小区域来表示我们在思索着什么。

通过观察下巴，我们也能看出对方是自信还是不自信。当我们强力和自信的时候，我们会露出下巴。当我们软弱、缺乏信心时，我们就会收起下巴。

整理仪表

我们在整个动物界都能看到整理仪表的现象。动物"搔首弄姿"是为了让自己在异性面前看起来更有吸引力。人类也是一种动物，但我们并不会像动物整理毛发般地打扮，而是会调整我们的发型、眼镜、首饰，或拉直我们的领带。

以这种方式打扮自己，我们会向在场的其他人传递一个非常有力的信息。这条信息会下意识地传达给他们："你足够重要，我要花些精力整理自己，为你打扮。"在这方面，人们也有消极的行为。我们在电影中看到过。一个坏人试图恐吓他人，与对方说话的同时，脱掉对方的衣服，或者调整对方的眼镜。这是一种不尊重的表现，当对方允许你这样做的时候，这是在强烈地表明，他们在这种情况下是没有权力的。

安抚

我们常常认为安抚婴儿，是为了让他们平静下来，比如，让他们吮吸拇指或盘绕他们的头发。我们的确在幼儿身上看到过这样的行为，这样的安抚行为在成年后可能还会继续。

这里有几个例子。当你看到一个人这样做时，这意味着他们感到焦虑。

- 搓额头
- 捋头发
- 搓鼻子

- 揉鼻子
- 噘嘴唇
- 摸下巴
- 揉耳朵
- 拉耳垂儿
- 转铅笔
- 折曲别针
- 玩儿橡皮筋儿
- 搓手指
- 玩儿首饰（拧戒指或拽项链）

要知道，并不是说这些例子都是正确的，也不是说你应该从表面来记忆和解读它们。事实上，我们可能会发出多种相互矛盾的信号。为了建立联系，我们可能会询问对方，以便得到澄清。

卡姆·罗伯逊指出，多年来他收到的反馈都是，当他思考的时候看起来很像在生气。“是啊！当我专注于某件事儿或思考问题时，我就会皱起眉头。曾经有老板和同事问我：‘你是在为什么事情生气吗？’我跟他们解释说，我在用心思考。当我注意到自己的这个模样后——我专门在 Zoom 上花了好几个小时，努力这样练习——我特意放松并微微扬起眉毛，以便表达我是感兴趣而不是生气。”

使用非语言交流传达倾听

上文介绍了我们如何使用非语言交流的观察来倾听说话者所说的话，你也可以用它来让他人知道你在听他们说话。

在倾听时，你可以使用非语言交流来"软化"（SOFTEN）他人的立场：

S = 微笑面对（Smile）

O = 姿态开放（Open posture）

F = 身体前倾（Forward lean）

T = 握手致意（Touch）

E = 眼神儿交流（Eye contact）

N = 点头示意（Nod）

使用非语言信号

也许在虚拟环境中使用非语言信号的最好方法是将它们带到公开场合，以便开始一场诚恳的对话。如果对方正在给我们线索，让我们知道他们的真实感受，那么我们可以利用这些信息来"制造关于另一个人的信息"。

它可能是这样的："我感觉到你不同意我说的话"或者"你看起来压力很大，你今天过得怎么样"。这些类型的信息会带来更深层次的联系，尽管我们彼此之间有时隔着半个地球。

格蕾丝·达格雷斯分享了她如何在虚拟世界中建立联系的故事。

"即使在我拨打 Zoom 电话时，我也会努力记住'关注自己少一些'。对方想谈些什么？他们想听些什么？我可以整天和家人谈论我想谈的东西。因此，谈话的重点在于问清楚对方想要谈论的东西，然后找到共同点。但你必须小心，不要把对话带回原处。例如，当我儿子上高中的时候，他打橄榄球，他们有一支获得过州冠军的球队。他们得了几次州冠军。因此，如果我和某人交谈，他们说，'哦，你知道，我们的儿子在高中打橄榄球'，我可能会忍不住告诉他们关于我儿子和他的球队的一切。结果，我只是说了一句：'真的吗？我儿子也是！'然后我在此打住，让对方继续说下去。

"因此，无论你是身在现场，或在 Zoom 会议上，还是在任何其他你所处的环境中，我们感到多么舒适并不要紧。是的，不是光顾着自己说话，而是要让对方感到自在，因为如果他们感到不自在，你就不会建立联系。"

帮助他人实现虚拟联系

汤姆·曼根分享了一些关于如何帮助他人进行虚拟联系

的建议。它来自我们为了了解他人而提出的问题。

"我们想,'哦,我在和比尔说话。我认识比尔,但你不认识。'事实上,比尔认识这个人,而他又认识另一个人。这符合六度分隔理论。但是,如果你从来没有问过足够多的问题,从来没发现比尔的第一份工作是在一家酸奶店,而马克的女儿现在在一家酸奶店工作,我们就没有什么可以了解的了。"

"这是我真正喜欢社交媒体的原因之一,因为它们指出了这些联系。几年前,有两只狗在我家附近游荡,也许它们从谁家跑出来了。所以,我把狗放在我院子的栅栏里。然后,我在隔壁的社交媒体平台上发帖说,如果有人弄丢了他们的狗,我可以帮忙找到。令人惊讶的是,我收到了一个德国人的回复,他甚至不在我们的社区住了。那些狗住在下一个街区的蓝房子里。"

社交媒体常常成为众矢之的。当我们看到有人低头看手机时,我们往往会认为他们没有参与,而实际上他们可能只是在进行虚拟联系。像大多数事情一样,社交媒体既不好也不坏。像大多数工具一样,它也可能会被误用或滥用。如果使用得当,那么社交媒体在建立联系方面是很有用的。

如果我们不需要在网上或面对面见面呢?我们列出了人们需要见面的五个原因:

(1)告知信息。

（2）了解情况。

（3）进行讨论。

（4）做出决定。

（5）建立联系。

重要的是，在达成见面的共识之前，我们需要搞清楚见面的目的，以及是否可以通过发送电子邮件、拨打电话、发送短信等形式解决问题。注意，见面的唯一理由就是建立联系。无论是我们单独完成任务，还是和他人一起完成任务，联系的强大驱动力都是至关重要的。

电子邮件和短信

发送电子邮件和短信是与他人建立联系（帮助他人之间建立联系）的方式，但这些方式往往被忽略。书面形式的交流不比口头儿形式的交流，由于听不到说话人的语气，所以我们常常会曲解他人的意思。

带有"温度"的自我介绍或对他人的介绍有助于建立联系。

通过书面形式与他人建立联系的建议如下：

● 具体描述。为了与他人建立联系，使用你所了解的关于该人的具体信息。例如："我生活的地方下雪了。你那边肯定快迎来春天了吧！"

● 用语友善。邮件介绍应该使收件人觉得舒服，不能表达对他人的不满。

● 要有礼貌。误会很容易产生。因此，要格外小心，不要叫他人曲解你的意思。

● 写对名字。最糟糕的事情莫过于写错了他人的名字。别把特里（Terri）的名字中的"i"写为"y"，误写会使你的信誉受损。

● 真诚询问。不要一个人高谈阔论，要问问他人的想法。

● 表达明确。快速写完一个简洁的便条很容易，但是要恰当表达我们的意思却较难。简洁明了是便条的主要特征，但是对于收便条人要做的事情的相关描述要清楚、明确。

● 读者视角。一旦写完便条，我们就要设身处地为读到便条的人着想。我们是否清楚地了解他们所知道的？是否清楚地知道他们想要了解的？我们的描述是否面面俱到？我们的描述能否使他们明白，他们和便条有关？他们需要做些什么呢？

关于虚拟联系的建议

正如本书第一部分所讲的，我们可以通过自己的努力，培养出与他人建立联系的正确的思维模式。本章也已探讨了在虚拟环境里信息传达和信息解读的方式。正如关于倾听那章的描述，真正的联系超乎技巧本身。虚拟联系绝非察言观色那么简单，它关乎情感，需要我们具备和现实联系中一样的情感。

下面是一些针对虚拟环境里建立情感联系的建议（你将注意到，这些建议和建立现实联系的方法极为相似）。

● 目标驱动。也就是说，事先设定你和网络会议里的其他人建立联系的目标。不要推迟团队的周例会，把周例会当作你和那些没法见面的人之间联系的纽带。

● 多听少说。在虚拟环境里，我们极易忽略相关内容，除非快轮到我们说话时，我们才会去听一下。然而，我们应该深入探究，保持倾听，通过说话者的肢体语言对其进行观察。说话者是紧张、骄傲，还是害羞？在你讲话时，试着利用你所观察到的情绪与参与者建立联系。你可以说，"我只是想对艾米的直言不讳表示称赞。提出如此有争议的话题是很伤脑筋的。"

● 私信交流。和群里的所有人发私信，问问他们今天的状况，或者问问他们对于公司新标志的看法。

● 适度揭秘。本书的开始部分探讨过如何适度透露私事，并以此和他人建立联系。例如，你可以和对方说："上个月，我家的大丹犬幼崽把沙发拆了。"

● 积极主动。通过创建虚拟俱乐部、线上聚餐、线上比赛等方式与他人建立密切的虚拟联系。

● 自然出镜。该建议听起来有些奇怪。然而，我们有时候就是太在乎自己出镜时的形象，反而把自己整得过于刻板。说话时，我们应该笑对镜头。要知道，许多人觉得自己面对镜头时显得不自然。

- 适度示弱。参加电话会议时，如果因为信号不稳或者中断导致我们无法听清相关内容，我们要就此提问。这是必要的，这样会使我们显得更具有亲和力。

- 习惯等待。当面提问时，被提问的人往往三秒之内就可以回答我们的提问（多数人用不了这么久，他们会立马回答问题）。在线提问时，我们等待回应的时间则可能会长一些。要么因为我们需要将麦克风设置为静音状态，需要更为费力地理解对方的意思，要么因为我们需要让他人先发言，要么因为其他原因。总之，在线讨论的时间会长一些。因此，在群里提问后，我们往往需要等待 10 到 15 秒的时间。

从本质上来讲，虚拟联系和现实联系一样。本书中所提及的一些关于联系的观点和技巧既适用于虚拟联系，也适用于现实联系。

要点速览

- 如果我们无法看清对方的脸（虚拟现实里，我们根本看不到他们），我们就得善于借助其他建立联系的方式。例如，首先观察他们的非语言行为。

● 十条基本观察规则：

1. 做一个敏锐的观察者。

2. 在语境中观察所有非语言交际。

3. 确定观念行为和文化行为。

4. 确认个体行为和非个体行为。

5. 寻找行为集群。

6. 询问行为是否正常。

7. 询问行为是否变得不正常。

8. 关注最直接的表达方式。

9. 我们所做的观察不要唐突冒失。

10. 思考行为是否令人感到舒适。

● 以下是一些表达倾听的非语言方式，它们的首字母缩略词为"SOFTEN"：

S = 微笑面对（Smile）

O = 姿态开放（Open posture）

F = 身体前倾（Forward lean）

T = 握手致意（Touch）

E = 眼神儿交流（Eye contact）

N = 点头示意（Nod）

● 虚拟联系绝非察言观色那么简单，它关乎情感，需要我们具备和现实联系中一样的情感。

● 虚拟联系的最佳方式同样适用于建立现实联系。要谦虚，要真实，"关注自己少一些"。

结语：戴尔·卡耐基的联系原则

人们渴望联系。从本质上说，联系是人际关系、工作关系、社会关系的基础。对著名人类学家玛格丽特·米德（Margaret Mead）的一次演讲，外科医生保罗·布兰德（Paul Brand）曾经这样描述："玛格丽特·米德在演讲时，手里举着一块愈合的股骨和一块愈合的腿骨❶。在她的眼里，这些愈合的骨头见证了最早的文明。她的理由是，在残酷的蛮荒时代的遗迹中，未曾出土过这样的骨头。相反，那些时代的遗迹处处充斥着暴力气息：被箭头刺穿的太阳穴，被棍棒砸碎的头骨。但是，愈合的股骨却在诉说，它的主人曾经被他人悉心照料——有人冒着生命危险替他打猎，给他送食物，等等。"的确，是联系使这位腿骨愈合的原始人得以延续生命。

正如我们在该书中始终强调的那样，戴尔·卡耐基原则

---

❶ 来自 1980 年版，保罗·布兰德和菲利普·扬西博士合著的《可怕而奇妙的制品：外科医生看着人类和精神身体》，"骨骼：一个框架"章节，第 68 页，密歇根州大急流城：宗德凡出版社。参见——作者注

依然不过时，且对现如今有现实指导意义。你可以随手打开
《如何赢得朋友及影响他人》，阅读其中的一篇文章，你会发
现文章中的描述很可能贴合你目前所处的情况。无论是建立现
实联系，还是建立虚拟联系，戴尔·卡耐基原则都切实可行。
在同步和异步联系中都是如此。

　　为了与他人建立有意义的、基于信任的联系，我们必须
养成运用戴尔·卡耐基原则的习惯。我们自己要运用这些原
则，也要激励他人运用相关原则达到类似效果，以便他们和我
们一样从中受益。我们要成为戴尔·卡耐基原则的拥护者。

　　毫不夸张地说，联系的艺术将使我们的世界更加美好。
联系将帮助我们自信地面对他人，减少我们的焦虑，带来更为
顺畅的个体交流和群体交流。联系还可以减少冲突，提高生产
力，并增加效率。最重要的是，它们可以帮助我们与他人之间
建立深刻而持久的情感纽带。的确，联系会使我们共享的世界
更加美好。

"极少数人试图无私地为他人服务，他们拥有巨大
的优势。"

——戴尔·卡耐基